見つけよう 音楽の聴き方聴かせ方

新学習指導要領を活かした音楽鑑賞法

山﨑正彦 著

Stylenote

第1章　音楽鑑賞は特別なことではない

第2章　学校で音楽鑑賞指導がおこなわれる意味

第3章　鑑賞機器と音楽鑑賞指導

第4章　音楽鑑賞指導の方法

第5章　音楽鑑賞指導の事例

第6章　音楽鑑賞指導の基本を活かしてみては？

まえがき

2011年3月11日、東日本大震災が発生し、多くの方が命を落とされました。そして、多くの方が家族や友人を失い、その悲しみや苦しみを抱えながら生きることや、生活の基盤を失って不安な思いを抱えて生きることを余儀なくされてしまいました。悲しい出来事です。

大災害の様子が刻々と伝えられ、やがて、内外からの多くの復旧支援の様子が報道されている時、それをテレビ等で見ていた多くの音楽家が「自分には何もできない」「こんな時に音楽は無力だ」というような気持ちに陥り、自分の不甲斐なさを思い知らされたと後に語っていました。

ところが、復旧が思うように進まないような状況であるにもかかわらず「こちらに歌いに来て欲しい」「コンサートを開いて欲しい」というような声が被災地から音楽家達の耳に徐々に届くようになったといいます。

コンサートのひとつがテレビで報道されましたが、津波によって壊滅的な状況となった地に立ちすくみ、涙を流していた音楽家は、その後のコンサートで一心に音楽を奏でていました。その姿はとても印象的でしたが、流れてくるその音楽に涙しながら聴き入る被災地の人々の姿は、それ以上に私の心に強く迫ってきました。音楽の力を改めて実感するに十分だったのです。

災害から復旧を遂げるには衣食住の再建が急務であるとよくいわれますが、「音楽を聴きたい」というような要請が思ったよりもずっと早くに被災地から届いたという事実に、正直、驚きました。思えば、「復旧、復興の過程で、必ず、音楽のようなものが力となる時が来る」と早くから断言していた方がいましたが、〈心の生き物〉である人間ならではの、その心の修復や再構築に音楽が欠かせないことを思い知ったような気がします。音楽に関わる仕事に就きながら、音楽のもつ、はかり知れない力をこれほどまでに意識したことは恥ずかしながらこれまではありませんでした。

本書は、その音楽を〈聴く〉〈鑑賞する〉ということに焦点を当てたものです。多くの人が好みの音楽をもち、好きな時に好きなだけその音楽を聴いていることを第1章で述べていますし、音楽を聴くことで、どれほど人の心が安らぎ、癒されているかについても述べてみました。

しかし、それは平時のことであって、今回のように、人が大災害に見舞われているときのことまではこの本を書き進めていた頃には全く想定していませんでした。それでも、先に述べたようなことが被災地では起こっていたのです。人間によって創作された音楽がその人間の想定をはるかに超えたところで一人歩きをしているかのようで、その大きな存在感を実感せざるをえません。嬉しいときも悲しいときも人は音楽を欲し、これからもずっと聴き続けていくことでしょう。

第１章　音楽鑑賞は特別なことではない

１．誰もが音楽を聴いている

音楽を聴くという行為。それは、ほとんどの人が自然のなりゆきのなかで身に付けたものです。自らが好む音楽を人は日常的に聴きます。聴こうとして聴きます。自分を思い返しても、我が子を見ていても、知人のことを思い出しても、それは同じです。例えば、一日中、部屋で音楽を流しっ放しにしている人。ヘッドフォンが手放せない人。運転中に音楽を聴いている人、等々。

ヘッドフォンの長時間使用は、耳にはあまり良くないようですが、その音が外部に漏れて他人の迷惑とならない限りとがめられることはなく、部屋にこもって音楽を聴き続けても不思議と不健康とは見なされません。たまには外に出て運動でもしてきたら？　というようなことを誰かに言われるくらいでしょうか。音楽を聴いていると健康を害するという話は聞いたことがありませんし、むしろ、健康増進や精神の安定や回復に効果があることが知られています。

人は音楽を聴きます。とりわけ、1979 年に「ウォークマン」（ソニーが発売した音楽カセット用携帯型ステレオプレーヤーの名称）という、歩きながら音楽を聴くことができる「革命」が起こって以来、個人的な音楽鑑賞は自室で、という観念と現実が急速に崩れ去り、音楽鑑賞は事実上、何処でも可能になりました。今では、皆、掌に収まるほどの小型機器に思い思いの楽曲を組みこんでそれを持ち歩いて聴きますから、ある意味で、夢が叶った 1979 年時点からすれば、さらに夢のような音楽の聴き方になっています。

昨年、知人が入院し、幾度か病室に見舞いに行きました。そこは４人部屋でしたが、その誰もが持っていたのが、やはり現代版ウォークマンの数々。皆、音楽を聴くのでしょう。ベッドサイドに並べられていたＣＤが人それぞれの好みそのままで、ある方はＪポップ、ある方は演歌。そして、他にも 60 年代 70 年代のナツメロもありました。

さて、私自身ですが、はっきりと自分の意思で聴き始めた音楽のことを覚えています。それは『白鳥の湖』（チャイコフスキー）、いわゆる『情景』と呼ばれている非常に有名なものです。

自分が小学校一年生のとき、高学年生が校内音楽会でこの曲を合奏しました。音楽会のような催しでは、大抵、1年生は一番前にいる聴衆ですが、至近距離で鳴り響いた『情景』が一遍で私の心を掴んでしまい、以来、この曲のメロディが耳に残り、消えることがありませんでした。もう一度、あの曲を聴きたいという気持ちは抑えがたいものの、具体的な方策など全く思い付かない学齢ですから、耳に残ったその音楽を辿っては、音楽会の感動を思い出すことぐらいしかできませんでした。

ところが、そのうち、実は、この曲は世の中に広く知られている有名な曲らしいということを知りました。程なく、町の小さなレコード屋さんで『白鳥の湖』と書かれたレコードを買ってもらいましたが、親はなぜか、このようなものについては比較的快く買ってくれるもので、レコードを手にしたときの嬉しかった気持ちを思い出します。

記憶が確かであれば、それはなぜかシングル盤。おそらく、全曲が収録されているものでなく抜粋盤だと思います。それにしてもシングル盤で『白鳥の湖』が売られていた時代。「クラシックはＬＰで」というこだわりもなく、何か良い時代でした。

生まれて初めて自分でレコードを操作することになり、恐る恐るレコードに針を置いた瞬間、スピーカーから鳴った音が違う！　あれ？　高学年の演奏したものと音が違う？　これが思えば、自分と管弦楽との初めての出会いでした。

音に違和感があったのは最初のうちだけで、アコーディオンや鍵盤ハーモニカそして、木琴等の組み合わせの音とは異なる、深々とした管弦楽の音に引き込まれていったわけです。その後は、それこそ、毎日何十回。何カ月にわたって『情景』だけを聴き続けました。

やがて中学生になると、音楽の授業で聴いたドヴォルザークの『新世界より』第２楽章(『家路』という曲名で我が国でもポピュラー)の熱狂的なファンとなり、すぐに、その他の楽章にも魅せられてしまいました。結局、中学生のころは、帰宅すると毎日必ず第１楽章から第４楽章までの全てを聴くことが習慣となってしまいました。それも、スピーカーのすぐ傍に座り、それを抱きかかえるように聴いていたものですから、それを見ていた親は少し心配になったかもしれません。

音楽を聴くという行為は、このように自然な欲求のなかから生まれてくるもので、それはいつのまにか習慣化してしまいます。ですが、どうしてそのような習慣が？　と自問してみてもはっきりとはその理由が分かりません。気付いたら、音楽を聴く自分がいつのまにかそこにいた。多くの人にとり、音楽との出会いはそういうことではないでしょうか。私はこれ以上の言い方を今、思いつきません。事実はひとつ、誰もが音楽を聴いているということです。

2．機器の発達で音楽の聴き方が変わった

そういう人のことを指して音楽ファン、クラシック・ファンという言い方を耳にすることがあります。ただし、『新世界より』を毎日欠かさずに聴くことが正しき音楽ファンではありません。もちろん、私がクラシック音楽ファンだったということを意味しているわけでもありません。何より、当時の私にはクラシック音楽を聴いているという意識すらなかったように思います。たまたま気に入った音楽が学校で聴いた『白鳥の湖』であり、学校で習った『新世界より』であった。それだけのことでした。その『新世界より』の作曲者ドヴォルザークは一般的にはクラシック音楽の作曲家として見なされていて、『白鳥の湖』の作曲者チャイコフスキーも同様です。

自分の聴いている音楽のジャンルなど、聴いた音楽そのものの魅力にとりつかれた者にとってはどうでも良いことです。小学生高学年の頃、私はもっぱら当時大流行だったグループ・サウンズを聴いていましたが、〈音楽〉という意味ではグループ・サウンズもチャイコフスキーも自分のなかで全く同じものでした。

このようにポップスやクラシックを分けることなく聴く。実に脈絡がないというか節操のない聴き方ですが、本人にとってそれが自然であれば良いわけです。我慢することなく無理のない流れというのでしょうか、音楽と親しむにはこれが何よりだと思います。仮に、自分の聴くジャンルがどうであるべきかに拘ってみたとしても、物凄いエネルギーで自分のうちに入り込んでくる音楽に対しては本当に無力だと思い知らされるだけです。そのとき、自分のうちに透過するように、無理なく入り込んでくる音楽に対しては素直に向き合う。この〈無理なく素直に〉がとても大切だと思います。

自分を振り返ると、毎日、音楽を聴いていましたが、何も毎日聴かなくとも良いと思います。自分にとっては毎日聴いていることに無理がなかったというだけのことです。もし、休日にゆったりとしているときにだけ音楽を聴くとい

う人がいても、それはそれでよし。運転中には必ず聴くという人がいても、それもよし。また、この頃ではスポーツ選手が、特に試合前の精神集中の時間に音楽を聴いている姿を目にします。ウィンター・スポーツのスキージャンプ競技では、時速90キロメートル位でジャンプ台から空中に飛び出すらしいのですが、選手は飛翔の成功をイメージし、また襲いかかる恐怖を克服するために、試合前によくイヤフォンで音楽を聴いているようです。それで効果が上がるなら凄いことです。街中でジョギングをしている人のなかにもイヤフォンを装着している人が結構いますが、音楽を聴いているとテンションが上がるという人も少なくないはずです。

このスポーツ選手の例は、現代のテクノロジーが可能にしたひとつの聴き方ですから、一人ひとりにヘッドフォンが行き渡り、思い思いの音楽を聴くことが叶わなかったら、試合会場のあちこちで選手個々のラジカセから色々な音楽が鳴っているのかもしれません。ラジカセを抱えてのジョギングは誰もやろうと思わないでしょう。

さて、イヤフォンを通して個人個人が音楽を聴くようになった現在、ご存知の通り、その音楽の編集も自由自在です。好きな楽曲だけを選んで聴くこともちろん可能です。ただ、これについては、カセットテープの時代でも〈選曲ダビング〉〈繰り返し再生〉という方法が可能であったので比較的簡単に自分の好きなものだけを聴くことができていました。そう考えると、これは特に現代人の特権というわけでもないのですが、カセットテープのように曲の頭出しに時間を要しないＣＤが登場して以降、その安易さは人々の音楽の聴き方にさらなる変化をもたらしています。

現在においては当たり前となった、好きな曲をより簡単に選び、それを好きなだけ聴くという聴き方。もしリスナーに選ばれない楽曲があって、それが一般的な傾向だとデベロッパーから判断されると、その後の楽曲の供給のあり方も変わるのではないでしょうか。事実、かつて、私の知人がＣＤの聴き方についての調査研究をおこなった結果、１枚のＣＤに収録されたすべての曲を聴くという人はほとんどおらず、好きな曲だけを選んで聴く人がほとんどでした。購入してすぐに、そのような聴き方になっている人も少なからずいましたので、このパターンだと、ＣＤのなかで、ずっと再生されない曲があることになります。

これも仕方のないことで、この傾向はもう誰も止められないと言えます。ＣＤを購入するだけではなく、ネットワークからダウンロードして記憶媒体に音楽を取り込む方法も可能な現代では、むしろ益々、特定の楽曲だけが選ばれることになります。つまり、選ばれないものの運命やいかに？　ということです。

それでも音楽を聴くという行為には無理なく素直にという原則が必須です。『新世界より』の全楽章を毎日欠かさず聴いていた私ですが、逆に当時、仮に「今日は、第４楽章は聴かないように」と誰かに指示されても、その通りにはできなかったでしょう。当時の私にとっての〈無理なく素直〉からは程遠いからです。

その人にとり無理なく素直に受け入れられる音楽を自分の聴きたいように聴く。毎日でもよい。休日だけでもよい。好きな曲だけを選んで聴いていてもよい。ですから、音楽には色々な聴き方があってよい。むしろ、色々あって当然ということになります。言ってみれば当たり前のことなのですが、後に出てくる学校での音楽鑑賞指導のことも踏まえて、ここでは、一旦、このことをおさえておきたかったのです。

3．カラオケで歌って、また聴いて

わが国の生んだ娯楽文化のひとつに〈カラオケ〉があります。老若男女がカラオケ設備のある店に集い、日夜、色々な歌が歌われています。

考えてみると、誰もが何らかの曲を歌うその以前に、歌ったその曲を何処かで聴いていたことになります。お気に入りの歌手が歌っていた。テレビで聴いた曲が気に入り自分も歌いたくなった。パターンは色々であっても、人がカラオケで歌う前には、必ず、〈聴く〉という行為がありました。

もちろん、多くの人はそんなことは考えずにカラオケを歌っているはずです。ともかくカラオケは楽しい。スカッとしてストレス解消になる。それはそれで十分だと思います。ただ、少し理屈っぽく考えると、音楽を聴くことと切り離してのカラオケはありえないことになりますから、ほとんどの人は、ある音楽を聴いてから、それを歌うとか、楽器で演奏することになります。そういう意味ではカラオケで歌を歌ってスッキリしては、またお気に入りの音楽、あるいは、それまでに聴いたことのなかった音楽を聴くことでしょう。意識的であれ無意識であれ、ある音楽を聴く。それから、またその音楽をカラオケで歌う。このようなサイクルが現代のカラオケ文化のうちに間違いなくできあがっていると言えます。聴いて、歌って、また聴いてと。

さて、カラオケですが、曲を選ぼうとして曲目リストをめくると、現在流行している曲がキッチリと押さえられているのは当たり前ですが、かなり、昔の曲も揃えられていますし、一般的にクラシック音楽とされているものも少なからず含まれていることに驚きます。例えば、シューベルト（オーストリアの作曲家。作品は多岐にわたるが歌曲を多く作曲したことで知られる。1797年～1828年）の『菩提樹』。果たして、この曲を選んで歌う人が年間にどの位いるのか。来店する人に広く歌われているとは、とても思えません。

この曲が歌曲集『冬の旅』（シューベルトの最後の連作歌曲集。ヴィルヘルム・ミュラーの詩による全24曲）の第5曲に当たることは、おそらく、ほとんどの人はご存じないと思います。高等学校で音楽を選択していたら、このことを学習したかもしれませんが、多くの人は知らなくても当然です。

ですが、曲目リストには『夏の思い出』（江間章子作詞／中田喜直作曲）のような、いわゆる中学生までに学校で学習する曲も載っています。これだと、多くの人が一度は耳にしたか、あるいは歌ったこともあるでしょう。滝廉太郎の『花』（武島羽衣作詞）もしかりです。

それでも、これらの曲がカラオケで選ばれることは稀だと思います。カラオケに集った者同士の心理として、どうしても最近流行したもの、あるいは、少し以前に流行したものを選び、皆で「ちょっと懐かしい！」というような思いに浸れるもの、そういったものが選ばれるのではないでしょうか。やはり、仲間同士で歌って盛り上がるとなると、流れたその曲を皆が聴いているかどうか。皆にとり、その曲を聴いた回数なり時間に勝るほうが断然、選ばれます。ここでも、聴いて、そして歌うという流れが意外と大切だと思えてきます。

そうなると、『夏の思い出』は多くの場合、選ばれにくい存在となることでしょう。中学校の教科書に載せられていて、我が国の小、中学校で学んだ誰もが聴いたり歌ったりした経験がある曲。それでも、なかなか選ばれない。これが現実です。

4．楽曲の魅力再発見

別に『夏の思い出』を歌うようにする！　という本ではないのですが、このような曲が、世代を超えて誰もが皆で歌えるような曲になれば良いのにと思います。果たして、それは永遠に無理なのか。実はそうとも言い切れないのです。

『朧月夜《おぼろづきよ》』（高野辰之作詞／岡野貞一作曲）という曲が歌手の中島美嘉さんに『朧月夜～祈り』として歌われたときのことを思い出します。多くの人が、改めてその曲調に新鮮さを覚えＣＤを購入したようです。当代の人気歌手が『朧月夜』を歌うことにより、それまであまり聴かれることがなかった名曲に光が当てられることになったのだと思います。そのおかげで、多くの人々が『朧月夜』を聴き、多分、カラオケでも歌われたことでしょう。やはり、聴いて、歌った。そういうことです。

童謡ブームが続いていたとはいえ、『朧月夜』再発見に関しては間違いなく人気歌手の存在が大きかったと言えるのではないでしょうか。企画、制作、宣伝の流れにメディアの力も感じます。大好きな中島美嘉さんが歌っているその歌。どこかで聴いたことがあるけれど？　あぁ、あの歌か、小学校のときに歌ったことがあるぞ。こうして聴いてみると良い曲だなあ。思わず一緒に歌ってしまった。

このように、過去の印象とは異なるニュアンスで、再び同じ曲に接すること。それがひとつのムーヴメントを沸き起こすこともある。これはどうやらヒントになりそうです。

『夏の思い出』『花』、あるいは『浜辺の歌』（林古渓作詞／成田為三作曲）のような曲が『朧月夜』のように皆に歌われるようになるためには、やはりまず、これらの曲を聴く機会がどうしても必要になります。聴いて、歌って、また聴いて。これです。

人気の歌手に歌ってもらう必要があるのかどうかは難しい問題ですが、その影響力は『朧月夜』の例を見ても大きいはずです。ただ、私はむしろ、音源としての完成度というか、演奏や音質のレベルが重要だと考えます。それは例えば、これらの曲が自ずともっている良さや雰囲気を十分に、適切に表している演奏であり、その音質に優れているものです。つまり、聴いていて、思わず綺麗な声だな。美しい音だな。無条件にこれらのことが感じられる音源です。

もちろん、これまでに存在している録音を否定するわけではありません。そうではないのですが、正統派という意識からいくらか外れても良いから、より多くの人々の心の糸に触れる演奏とでもいうのでしょうか。その曲を知ってはいたけれども、改めて、その曲の良さに出会うことができたと思えるような音源であることが大切だと思います。先の『朧月夜』の場合には、この曲の良さが表わされていたと理解すべきなのでしょう。

『朧月夜』については、もうひとつ、見過ごせないことがあると思います。学校で習うものイコール、クラシック音楽。この『朧月夜』も当然、そう思っていた。けれども、中島美嘉さんが歌ったら曲への印象が変わった。だから聴きやすくなった。このように感じた人も少なくないと思います。ですから、ジャンルについての人々の意識の問題も関わっているのではないかと思うのです。そこで次からは少し、ジャンルとクラシック音楽について触れてみたいと思います。

5．クラシック・ファンでなく音楽ファン

クラシック音楽は聴いていると眠くなる。つまらない。好きな人は好きなのだろうけど自分にはその良さも面白さも分からない。何より楽しくない。クラシック音楽のどこが、そんなに魅力的なの？

ときどき、耳にする言葉です。

このようなことをおっしゃる方々は、多分、クラシック音楽を否定しているわけではないと思います。ジャンルとしても明確に確立していて歴史も古い。その存在は認めたうえで、そこに立ち入ることができないか、あるいは、立ち入る気になれない心もちなのではと察します。クラシック音楽は背筋を伸ばして、襟を正して聴かなくてはならないと思っている方も案外多いのではないでしょうか。敷居も高いと。

そもそもクラシック音楽を聴いていなくても世の中で不利益を被るわけではないので、クラシック音楽が好きになれるよう努力する必要もまったくないわけです。ですから、一旦、苦手意識をもってしまうと、何かきっかけでもないとその状況が続いてしまうことでしょう。高い敷居の向こうに、何やら高尚な空気が漂っているようにも思えてしまい、それがまた自らのブレーキとして作用してしまうこともあるかもしれません。

では、クラシック音楽を好み、日常的に聴いているクラシック・ファンは本当に高尚ということになるのでしょうか。敷居の高いものを超えて、そこにあるものを愛することが、そのまま高尚ということでしょうか。クラシックを聴いている人がポップスしか聴かない人々に比べて人として楚々と振る舞い、心豊かに過ごせているかと言えば、それは違います。私自身はもちろん、私の知

り合い、友人を思い返してもそれは当てはまりません。笑ったり怒ったり、悔やんだり、はしゃいで喜んだり、皆、普通の方ばかりです。日頃聴いている音楽の種類がその人の生き方にまで影響しているとは、今の私にはとても思えません。

むしろ、私の周りは、クラシック音楽を好みながらも、他のあらゆるジャンルの音楽も同じように好んで聴いている方達ばかりで、クラシック音楽しか聴かないという人は思い出せません。例えば、リストのピアノ曲を愛してやまず、苦労して超絶的な技巧を要する楽曲の練習に励んだかと思うと、その後、ジミ・ヘンドリックスのギターを聴いている人とか、驚くほどにクラシックの楽曲を知っていて、曲の出だしだけを聴いてその曲名が言えるばかりか、音源を聴きながらその演奏者まで言い当ててしまう方がいますが、その方はジャズ、ロック、ポップス、その他、ありとあらゆるジャンルの楽曲にも親しみ、クラシックの楽曲と同じようにそれらの曲名を教えてくださいます。

クラシック・ファンといっても色々です。彼らのなかには自らが高尚と思うどころか、クラシックを敬遠する人から堅物、懐古趣味者、とっつきにくい変人だと思われているのではないかと案じている人もいるかもしれません。

それぞれの音楽には、それぞれの良さがあります。ドヴォルザークにも心癒されますし、ドリカムやホイットニー・ヒューストンにも癒されます。エリック・クラプトンの音楽になぜか勇気をもらったりもします。双方の楽曲を学術的に分析すると諸説あるかもしれませんが、単に音楽としての両者は同じく価値のあるものです。もし、自分が今日までクラシック音楽以外のものを否定していたとしたら、先のホイットニー・ヒューストンに心を癒されることもなかったことになります。否定からは何も生まれませんし、何より、音楽を愛する自分が同じ音楽のひとつに蓋をすることは、結果的にとても不幸なことだと思います。

このように、クラシック愛好家であることを自覚していても、他のジャンルの音楽にも興味があって、それらに親しんでいる方は意外と多いと思います。クラシック・ファンと呼ぶよりは、むしろ音楽ファンと呼ぶほうがしっくりときます。

もちろん、クラシック音楽しか聴かないという方もおられるでしょう。それは本質的にはその人の趣味の問題ですから、それで良いわけです。ですから、クラシック・ファンという呼び方を否定しているのではありません。本書では、この後その呼び方を必要に応じて用いていきます。

6．ボーダーレス化する音楽

前節で述べたように、多くのクラシック・ファンはクラシック音楽を愛するのと同じように他のジャンルの音楽も愛好していると私は思います。人間が音楽を愛するエネルギーは、やはり、とてつもなく強くて、果てしなく広がっていくものです。ある種、これは抑えがたいものですらあります。そして、未知の音楽と出会ったとき、人は自らの考えや理性を超えて感性でそれを受け止めます。そのときの自らの感性は偽ったりしませんので、受け入れることもあれば、受け入れられないことも当然あるでしょう。

問題はここです。受け入れられるものがあれば、受け入れられないものもあっても良くて、それが、たまたまクラシック音楽であったり、ロック音楽であったり、いろいろであって当然だと思います。歴史的な遺産であるクラシック音楽を受け入れられなかったと言って、その人の人間的な価値が決まるわけではなく、クラシック音楽を聴く行為というのは高尚でもなく特別なことではありません。それは、世の中に存在しているポップス、ロック、ジャズ音楽等の多くの音楽と同じようにクラシック音楽も自然に受け入れ、苦痛なく聴くことができている。ただ、それだけのことなのではないでしょうか。その脈絡から言えば、音楽を愛好している限り、誰であっても、いつか自然にクラシック音楽を聴いているかもしれません。

それには根拠もあります。多くの人が幼少の頃から接してきているディズニーのアニメ映画。ストーリーの展開に即して、あるいはシーンを演出するためにクラシックの名曲がＢＧＭとしてたびたび使われています。嵐のシーンに『はげ山の一夜』（ムソルグスキー作曲）はぴったりでした。他にも、『魔法使いの弟子』(デュカス作曲)。そして、チャイコフスキーの名曲『くるみ割り人形』。まだあるかもしれません。

クラシックの名曲がＢＧＭに使われていたということに加えて、今の音楽界は、演奏者（表現者）という視点から見れば驚くほどジャンルのボーダーレス状態だと私は感じています。先の中島美嘉さんの例もありました。この他、オペラ歌手の歌ったクリスマスソングも、それはそれは素敵でした。それまでにない表現力と、艶やかで迫力の音声に聴き惚れた記憶があります。もしどなたかが同じようにこの演奏を聴いたとしたら、その後、その歌手の歌うアリアを聴きたくなるようなパターンだってないとは言い切れません。

大切なのは、そこで鳴っている音楽を否定してしまわないこと。今の自分がその音楽を受け入れがたい意識と、その音楽に対しての否定とでは天地ほどの違いがあると思います。

7．クラシック・ファンといってもオールOKではない

ジャンルのボーダーレス状態と似た話になりますが、クラシック・ファンの人がどのようなクラシック音楽を聴いているのかとなると、実はこれも様々なのではと思います。

例えば、好みの作曲家が何人かいる人。好みの楽器や演奏形態（そもそもここにもジャンルがあって、ピアノ曲、管弦楽曲、室内楽、声楽、あるいは交響曲、ピアノソナタ、変奏曲等があります）がある人。好みの時代（バロック時代、古典派時代、ロマン派時代、近現代等）がある人。好みの演奏者がある人等々。そして、これらの組み合わせも当然ありますから、バロック時代のバッハが大好きだとか、ベートーヴェンの交響曲をドイツ人の指揮者とオーケストラで聴くのが好きだとか、本当に色々なパターンがあると想像できます。2つの例を挙げてみます。

まず、歌曲が好きで特定の歌手が好き。満天の星のような数のドイツ歌曲をすべて録音したのではないかと思えるバリトンのディートリヒ・フィッシャー＝ディースカウ（1925年生まれのドイツの歌手。歌曲、オペラ、オラトリオと幅広いレパートリーをこなし世界中で人気を博した）の歌う歌曲やオペラが好きな人がいて、彼の音楽にはまってしまう。このぼうだいなレパートリーを聴き込むだけで、それはすでにライフワークとなることでしょう。実際に、そのようなファンがいます。

次に、特定のピアニストが好きで、その人の弾くショパンが好き。学生時代、どのピアニストが好きか、誰の弾くショパンが好きか等よく語り合いました。学生はともかく見聞を広げる時期ですので、音源はもちろん、ラジオ、テレビ放送、音楽会をよくチェックしたものです。その我々にとり、1970年代に来日を重ねていたピアニスト達は実に個性的で無視できない存在でした。

よく見れば、ほとんど全部の指先に絆創膏が巻いてあったアルフレート・ブレンデル。その華やかな技巧に見取れつつ、何だかとても身近に感じたもので

す。近付きがたい様相でいて、流れてくる音楽にどこか温かみがあったスヴャトスラフ·リヒテル。そのことが優しい人柄を連想させてくれました。完全無欠、ミスタッチ無し！　超人のように感じたマウリツィオ・ポリーニ。こんな風に脱力してピアノが弾けたら良いのにと感心したクリスティアン・ツィメルマン。そして、ヴィルヘルム・ケンプやウラディーミル・ホロヴィッツという、忘れてはならない巨人達。ケンプの、この世にふたつとないと思えるようなシューマン。本当に美しいと思いました。ホロヴィッツは、いつだったか、彼によるショパンの練習曲『黒鍵』が夜のしじまを貫くようにＦＭ電波に乗って流れてきたことがあります。曲の最後の部分のオクターブの下降があっという間に終わったときの衝撃は今でも忘れられません。

彼らのなかの何人かは今でも現役を続けていて、すでに巨匠と呼ばれることもしばしばです。いずれにしても、彼らの奏でる音楽を求め続ける熱狂的なファンが私の学生時代の友人にも数多くいましたし、その流れは現代でも同じだと思います。

このようにクラシック・ファンは自分の好きな歌手、ピアニストらを思い思いに聴き、好きな作曲家を自由に選び、好きな曲を選んで聴いていることが多いものです。案外、興味のないジャンルについては知らないこともあったりします。厳密に言えば、クラシック・ファンというより、例えば、フィッシャー＝ディースカウ・ファン、ヴィルヘルム・ケンプ・ファン、あるいは、ベルリン・フィルハーモニー・ファンであったりするわけです。

ですから、「クラシックなら何でも聴いております」というような人は意外に少ないと思います。数多い作曲家やジャンル、そして、様々な時代や演奏者までを含めて、これらをすべて大好きになるかどうかというその以前に、これらの音楽を一生涯かけても聴き切れるかどうかという物理的な問題も別にあります。

もし、「クラシック音楽は苦手」と思っている人でも、何かの折に触れた音楽が気に入り、それをＣＤショップで探したところ〈クラシック音楽コーナー〉にそれが並べられていたとしたらどうでしょう。他の多くのクラシック・ファンと変わることのないクラシック音楽のファンです。

実際、このようなパターンが結構あって、これは先のディズニーの件と似ています。テレビのコマーシャルに使われるクラシック音楽のことです。コマーシャルのＢＧＭとして流したクラシック音楽に大変多くの問い合わせがあったという話は決して少なくないようです。

クラシック・ファンといえども、他のジャンルの音楽も耳にしたり、クラシック音楽でも日々、特定のものばかりを聴いていたりと、意外と気楽に音楽と接していました。これで良いのだと思います。「クラシック・ファンはオールOKでなければならない」と決めてしまったら、これは単なるこだわりになってしまい、音楽を聴くうえでとても大切な無理なく素直なあり方、すなわち「聴きたいから聴く」という本質を見失ってしまいそうです。

他の音楽同様、クラシック音楽もとても身近にあります。耳に入ってきた音楽をもう一度聴きたいと思ったときが、その音楽との運命的な出会いです。『白鳥の湖』一曲ではあったけれど、それを聴き続けていた小学一年生は、すでに立派なクラシック・ファンでもあったのです。クラシック音楽の敷居は決して高くなく、誰にも広い扉が開かれております。聴こえてくる音楽に身を任せて、無理なく素直に、その扉をくぐるのはいつでも可能です。

第2章　学校で音楽鑑賞指導がおこなわれる意味

1．音楽鑑賞指導は学習指導要領に示されている

各人が思い思いの音楽を聴く。好きなときに好きなだけ聴く。音楽鑑賞が人にとり楽しみや娯楽であるばかりでなく、生き甲斐となっている場合も少なくないと思われます。

この音楽鑑賞ですが、学校の授業でもおこなわれているのはご存じの通りです。それは鑑賞用の楽曲が教科書に載せられているからだと思ってしまいがちですが、本来的には学習指導要領（学校における教育課程＝カリキュラム作成のための基準として文部科学省より示されているもの）に鑑賞をおこなうことが明示されていることによります。

平成20年告示の『小学校学習指導要領・音楽』には解説書（文部科学省2008）がありますが、その「まえがき」には――本書は、大綱的な基準である学習指導要領の記述の意味や解釈などの詳細について説明するために、文部科学省が作成するものであり、小学校学習指導要領第２章第６節「音楽」についてその改善の趣旨や内容を解説している。（後略）――と記されています。そして、第２章第１節に「表現及び鑑賞の活動を通して、音楽を愛好する心情と音楽に対する感性を育てるとともに、音楽活動の基礎的な能力を培い、豊かな情操を養う。」という重要な一文が記されていて、これが音楽科の教科目標です。これにより、学校においては単なる音楽鑑賞ではなく音楽鑑賞指導になります。

少しだけ、この文章の内容というか、言わんとすることを補足説明しますと、小学校の音楽の授業では、音楽を愛好する心情と音楽に対する感性の双方をまず児童に育んでゆかねばなりません。それとともに（そのうえで）、音楽活動の基礎的な能力を培い、結果的には児童一人ひとりに豊かな情操を養う。このようなことになっているのです。それぞれの文節は意味のうえでも相互に関連し合っていて、それを非常に端的な表現で示していることになります。

言うまでもなく、このような目標文は十分な期間を経て非常に緻密に作られています。目標を理解する側の立場としては、やはり適正な理解をしなくてはなりません。目標を読んだとき、例えば、「このようにすれば良いのだな」と

いう受け止め方と同時に「このようにしてはならないわけか」というような受け止め方ができることも大切です。そのほうが、物事を多面的にとらえることになり正しい理解にも近づきやすくなると言えるからです。この場合はつまり、音楽を愛好する心情を欠いたままで音楽活動の基礎的な能力を培うことはあってはならないわけですし、同様に、音楽に対する感性とは無縁の基礎的な能力は適切ではないことになります。

さて、この音楽を愛好する心情にせよ音楽に対する感性にせよ、児童の何らかの活動がないと培うことができません。野球選手がバッターボックスで構えているだけではホームランを打つことができないのと同じです。ですから活動です。それが目標文の文頭にある「表現（歌う・楽器を弾く・音楽を創る）及び鑑賞（音楽を聴く）の活動を通して」です。これらを学校の音楽科の先生は領域と呼び、表現領域の合唱指導とか鑑賞領域の日本伝統音楽の鑑賞指導というような言い方をします。

このように目標の文頭に「表現及び鑑賞の活動を通して（後略）」と示されたことにより、音楽を愛好する心情や音楽に対する感性も、そして音楽活動の基礎的な能力も、さらには豊かな情操も、すべて表現と鑑賞の活動によって具現化されてゆくことになります。

ここで、先ほどのように「このようにしてはならないわけか」を繰り返しますと、表現の活動だけで音楽を愛好する心情等を培うことがあってはならないわけですし、むしろ、表現と鑑賞の双方の活動が相乗し合って目標を実現できることが望ましいわけです。したがって、小学校で鑑賞指導がおこなわれているのは学習指導要領・音楽の文頭に「鑑賞の活動を通して」というような、目標文の全体に係る厳然とした表記があるからなのです。

ちなみに中学校ですが、「表現及び鑑賞の幅広い活動を通して、音楽を愛好する心情を育てるとともに、音楽に対する感性を豊かにし、音楽活動の基礎的な能力を伸ばし、音楽文化についての理解を深め、豊かな情操を養う。」（平成20年告示の学習指導要領）という目標が掲げられております。小学校にはなかった文言が加わり、少しニュアンスが違うと感じるかもしれませんが「表現及び鑑賞の（幅広い）活動を通して」は全く同じことになります。

この学習指導要領解説は町の少し大きな書店には置かれていますし、在庫がなければ誰でも注文することができます。駅で購入する新聞の価格よりも安価で、今どき信じ難いようなお得なお値段です。これを読めば、先ほどの「音楽を愛好する心情」とはいかなるものか。「音楽に対する感性」とはどのようなことをいうのか。これらのことがとても分かりやすく解説されています。第一義的には学校の先生のための出版物と言えますが、ご家庭にあっても少しもおかしくありません。何より各教科、道徳、特別活動、総合的な学習の時間という現在のわが国の学校教育でおこなわれている教育活動に関しての目標や内容についても文部科学省というわが国の学校教育における核心的な次元で確認することが可能となります。学校教育の方向性や内容の理解がより多くの人に広まり深まるためにも、この際、お薦めしておきたいと思います。

2. 音楽鑑賞指導の歴史と意味

小学校や中学校で音楽鑑賞指導がおこなわれているのは、教育課程作成のための基準としての学習指導要領にそれが規定されているからだと述べました。これは基本的には高等学校も同じです。ただ、これだと「法律があるからそれに従わなければならない」というような言い方と同じとなり、例えば、「どうして学校でわざわざ音楽を聴くのか」というような素朴な疑問を子どもたちがもった場合に、それに対して「学校では、それをおこなうように決められているから」と答えるようなものとなり、説明として不十分です。

学習指導要領・音楽の教科目標の主文の冒頭部分に初めて現在と同じように〈鑑賞〉の２文字が記されたのは昭和 52 年に学習指導要領が改訂されたときで「表現及び鑑賞の活動を通して、音楽性を培うとともに、音楽を愛好する心情を育て、豊かな情操を養う。」(小学校) という目標文になっています。今日のものといくらか差異はあるものの、決定的な違いがないことに驚かれたことと思います。

それ以前の学習指導要領ですが、昭和 22 年、第二次世界大戦終結後の復興期に「試案」という控えめな立場ながら、わが国で初めての学習指導要領が示され、ここに歴史的な第一歩が刻まれました。音楽も今日と同じく教科として存在していて、その６つの教科目標のうちの１番目には「音楽美の理解・感得を行い、これによって高い美的情操と豊かな人間性とを養う。」と記されています。

以後、小学校ベースで見ると、昭和 26 年 (試案)、33 年、43 年、そして、先に挙げた昭和 52 年、さらには平成元年、10 年と約 10 年ごとに改訂がなされ、最近の改訂は平成20年でした。昭和33年のものからは（試案）という表記が外され、このことは学習指導要領が名実ともにわが国の教育課程作成上の基準となったことを物語っています。

教科目標に初めて「表現及び鑑賞の（後略)」と記されたのは昭和52年と述べましたが、それ以前も音楽科では歌唱、器楽、創作の表現領域と鑑賞とで教育活動を展開してきましたので、それらが整理され2つに括られたと言えます。

そもそも、表現と共に鑑賞が音楽教育において重要な活動と見なされ始めたのは大正時代の初期とされています。わが国における音楽教育研究の草分け的存在として知られる浜野政雄氏は述べています。

> わが国において大正時代の初期は、唱歌教育万能時代にあったが、その頃日本に紹介された芸術教育思想の影響を受けて、音楽鑑賞の必要がようやくとなえられるようになった。おりから蓄音機も日常生活に使われるようになり、レコードの聞き方や音楽鑑賞論などの著書も刊行され、大正10年頃には学校における実際指導の研究も進められた。（浜野政雄『新版音楽教育学概説』（音楽之友社　1967）p.168）

これによれば音楽鑑賞というものが着目されたのは大正時代に入ってからとなりますが、それは音楽鑑賞指導が学校でおこなわれ始めたということではなかったようです。浜野氏は続けます。

> **（音楽鑑賞が）** わが国の学校の指導内容として、一般的に取り入れられるようになったのは、昭和16年の国民学校令による学習指導内容の改正以後である。（浜野　同書　p.168　太字は筆者による加筆）

ようやく、遅まきながら昭和16年に学習指導内容として取り入れられた音楽鑑賞でしたが、それでも、まだまだ不十分な状況は続いたようです。

> 国民学校令による芸能科音楽では、演奏・レコード・ラジオ・映画などによる鑑賞指導の方針が定められ、学年別にレコードの選定も行われたが、資材の上からいっても質・量ともに、十分に鑑賞指導が行われていたとはいえない。（浜野　同書　p.168）

浜野氏がこの著書で引き続き述べていますが、名実ともに鑑賞指導が教育課程において音楽教育の重要な分野として位置づけられるのは戦後になってからで（浜野　同書　p.168)、明治期より、表現としての唱歌が指導内容のなかに位置づけられていたのとは大きく異なります。

戦後から現在に至るまで、学校での音楽鑑賞指導は、とても一般的な指導内容となりました。それはひとえに、蓄音機からスタートしたハードウェアがCDプレイヤーのような誰もが手軽に操作できるものに進化したことや音源が大量に流通する時代となったことも追い風になったと言えるでしょう。さらに、それらをベースとして教科書会社が作成した教科指導用の音源ソフト。これが充実してきていることも間違いなく貢献していると思います。

以上がわが国に鑑賞指導が根付く流れについてでした。これは先生向けの解説として最も分かりやすいものと私も考えますが、当然、これをそのまま子どもたちに説明したとしても、やはり学校で鑑賞指導をおこなうことを十分説明しているとは言えず、説得力にも欠けていると思います。そこでやはり、次のことが大切と考えます。

先のカラオケのことを思い出してください。人が歌を歌い、楽器を演奏することには必ず音楽を聴くことがつきまといました。聴いたことが歌うことに結びついていましたし、もちろん、楽器を演奏することにも結びついています。人が歌って弾いて何かを表現をすることは音楽を聴くことと共にあります。ですから例えば、学校の音楽の授業で歌うことがあるなら、当然、音楽を聴く必要があります。つまり、必然性として音楽を聴くことが大切なのです。

もうひとつ、鑑賞指導を学校でおこなう意味があります。それは学校の音楽鑑賞指導ならではと言えるかもしれません。すなわち、人類が築いてきた価値ある貴重な文化に児童生徒が触れるという意味合いです。端的に言ってしまえば、児童生徒は、学習として古今東西の名曲に触れるということです。

学校で使われている教科書には西洋、東洋、我が国と非常に多様な音楽が文化財のひとつとして取り上げられています。児童生徒はそれらを聴き、音楽の特徴を聴き取ったりしながらその音楽の雰囲気を感じ取ったり、音楽の良さを味わうように仕組まれているわけです。そして、その音楽が大音楽家達の残してきた芸術的な遺産であることを知り、その価値を色々な角度から学びます。

ただ、単に文化財に触れるということだけに留まるわけではありません。名曲に触れて、そこで聴き取った音楽の特徴や感じ取れた点などを自分達の歌の表現の工夫に活かすようなことも今日の学校では広くおこなわれています。

いずれにしても、人が音楽と付き合ってゆくうえで表現と鑑賞を切り離して扱うことはできませんし、その音楽を教育の場で学習材とする以上、やはり表現があって鑑賞がある。これは当然です。鑑賞のみで音楽の授業を進めてしまうと音楽のエネルギーやダイナミズム、そして繊細さを体で実感することができません。反して、表現だけで授業を進めた場合、耳を澄まして音や音楽に注意を払う、あの独特の感覚を経験できませんし、美しい名曲と出会うこともありません。

ただ、これについてはひと言申し添えておきたいと思います。

耳を澄まして音楽を聴くこと。これは、ひとりであってもできることです。ではどうして、これを学校でおこなうのか。大勢の人が集っている学級等のなかで耳を澄まして音楽を聴く。そのときに流れてくる音楽によっては、ある意味での緊張が生じたり、言うに言えない思いや感動が湧きおこることもあります。その思いや感動を仲間やそこにいる先生と何らかの方法で共有する。共有しようとする。これらのことにも間違いなく意味があるのです。

3．学ぶために音楽を聴くこと

音楽鑑賞が学校でおこなわれる意味を歴史的な背景を交えて確認してきました。

次に、学習として音楽鑑賞を成立させるための基本的な考え方について触れたいと思います。

まず、当然のこととして音楽鑑賞を学習として展開するのはとても難しいと言わなければなりません。それはすでに述べたように、多くの人が、というよりもほとんどの人が音楽を好んで聴いて、それを趣味や生き甲斐としていることによります。

音楽を好んで聴く人は大抵自分の好みの音楽やジャンルをもっていると述べましたが、学校の音楽の授業で扱われる音楽は、いわゆるクラシック音楽と称される類のものが数多く選ばれています。

ところが、残念なことにクラシック音楽を自分の好みのジャンルとして日常的に聴く人は非常に少ないのが現状です。町のＣＤショップを思い浮かべて下さい。クラシックと表記されているコーナーはお店のごく一部です。もちろん、これまでにも度々クラシックブームが起こり、その都度、クラシックの音楽ソフトの売り場は若干広まったりもしましたが、それでもブームが去ると、また元の状況に戻ってしまいます。様々な事情や理由があることは察せられますが、わが国のクラシック音楽を取り巻く状況を端的に表しているように思えます。

さて、そのような状況ですから、自らの趣味と、学校で鑑賞する音楽とが合致する人は少ないということが分かります。そうなると、学校での音楽鑑賞では多くの人が好きでもない音楽を半ば強制的に聴かされているような状況ともなります。児童生徒が自分の趣味に合うかどうかで学校での鑑賞をとらえている限り、この状況は改善できません。趣味は変えようとしても変わるものではないからです。というよりも変える必要もありません。本質的には、あなたの好きな音楽を、好きなときに好きなだけ聴きなさい。こう伝えてあげるべきでしょう。

ですが、この先が大切です。学校での音楽鑑賞を自らの好みと切り離してとらえなくてはならないことも児童生徒に対して明確に伝えなくてはなりません。

つまり、好きであろうと嫌いであろうと、この音楽を聴く。それは、児童生徒がその音楽を聴くことによってその音楽から何かを学ぶということであり、例えば、それまで聴き取れなかったことを、ある音楽から聴き取れるようになる。ある音楽から何かが感じ取れるようになる。知らなかったことを、ある音楽を聴くことを通して、あるいは先生の説明によって知る。これらのことを45分なり30分の授業の時間枠のなかで実現し、音楽室に入ってきたときと、そこから帰って行くときとでは「このことが新たに聴き取れるようになった」「聴き取り方のヒントをもらい、あることが聴き取れるようになった」「音楽の雰囲気が感じ取れた」というような明確な違い（児童生徒の学力の獲得）がもたらされるようにするのが学校での音楽鑑賞、すなわち音楽鑑賞指導です。

この音楽鑑賞指導と音楽鑑賞との違いについては、これまでにもいくつかとても重要な言及がなされていますが、ここでは、これまでに本書で述べたことに関わる次の２点を紹介したいと思います。

まず、長い間ＮＨＫ－ＦＭ等で音楽番組解説を担当していた音楽評論家の渡邊學而氏は、学校教育の場での音楽鑑賞教育はもっと客観的な行為でなければならない（『子どもの可能性を引き出す音楽鑑賞の指導法』（音楽之友社 1987）p.23）とし、その客観的なことの意味を次のように述べています。

（前略）少なくとも授業を受けた子どもが最終的には「わかり得る」あるいは「感じ得る」という種類のものでなければならない。ということは、何らかの具体的な方法論をとれば、その目的に誰でも到達し得る可能性をもつものでなければならないと思う。もしそうでなければ、子供たちは教師の教えることに納得しないだろうし、それをそのままにしておけば、結局音楽の授業がいやになり、ひいては次第に音楽から離れていく結果を招くであろう。（同書　p.23）

この指摘を受けて学校でおこなわれる音楽鑑賞指導について次のように記されています。

音楽鑑賞は、音楽を聴いた個人がどのように感じてもよい、非常に主観的なことである。学校における音楽鑑賞の指導は、すべてのこどもが音楽を聴くことで「分かり得る」客観的なことを扱う必要がある。（『音楽鑑賞の指導法“再発見”』（財団法人音楽鑑賞教育振興会　鑑賞指導部会編　2008）p.10）

つまり、先に述べたように、学習として臨む学校での音楽鑑賞では、当然、誰もが等しく、その学習の成果を音楽室から持ち帰る必要があるわけです。それが学力でした。そのために重要なのが音楽の客観的な側面というわけです。

これらの指摘は、そのまま音楽鑑賞指導に関わる指導者に向けられていることは述べるまでもありません。音楽鑑賞を学習としてしっかりと成立させるためには、やはり、児童生徒の意識のなかで、この音楽鑑賞と音楽鑑賞指導の違いというものを明確に分けてあげる必要があります。児童生徒の側からすると、好きで音楽を聴くことに加えて、何かを学ぶために音楽を聴くこともある。このような理解に導けばよいのだと思います。ただし、好きで聴くことと学ぶために聴くことは本質的に違うのだと言ってしまうと、これにはいささか抵抗があります。

実際には、音楽を聴くという行為自体は音楽鑑賞も音楽鑑賞の学習も全く同じですから、聴いているその音楽が、ときに、児童生徒の感性に訴えかけ、ダイレクトに彼らの心に入りこんでしまうこともあります。確かにそれは、ある楽器の音を聴き取るというような〈ねらい〉をもった学習であるのに、それとは別の、まさに主観的な次元で「先生、この音楽良いよ。知らなかったよ。こんな凄い曲」など、音楽を聴いて急速に高まった自らの感情を音楽が鳴り止んだそのときに熱く語ってくることもあります。そこまでの感情に至らなくとも、何かを学び取るために幾度もある音楽を聴くうちに、児童生徒が、その音楽のことを大好きになってしまうことも実際にあります。

ですから、音楽室に流れる音楽を嫌々聴いていたというのも事実でしょうが、学校で聴く音楽が全て嫌いなわけではなかったということも事実となり、それが、ごく自然な学習の流れのなかで確かめられたことになります。

これはとても重要です。学校で聴く音楽はいつも嫌々聴いていたけれども、実はその全てが嫌いなわけではなかった。このことが、もし学習としての音楽鑑賞を通して確かめられれば、それこそが、先ほどの渡邊氏の指摘の対極にある音楽鑑賞指導の実りであって、児童生徒にとっても大きな収穫となります。

これらのことからも、当然、「好きで聴くことと学ぶために聴くことは異なる」というような意識を彼らにもたせることは控えなくてはなりません。音楽が日常的に人の生活や心のうちにまで入り込んでいるがゆえに生じる学校の音楽鑑賞の難しさ。数学という教科に対して、それが最初から〈学習〉であると多くの人が理解しているのとは大違いです。中学時代の私の友人に数式を解くことを趣味にしている人がいましたが、音楽を聴くことを趣味としている人に比べて、そのような人は少ないはずです。

数学科とは異なり、これは〈学び〉であると改めてとらえる必要のある学校での音楽鑑賞。それゆえに教員は、ある曲のある特徴を教材とすると、このことが学べるのだ、という明確な見通しをもち、その結果に責任も負わなくてはなりません。そして、その学びの蓄積が、人が人として生きていくうえでの奥深さや幅広さに有形無形に寄与し、世にいうところの教養を形作ることに結びつくのだと、胸を張って言えることが大切なのだと思います。

4．学力とは何か

音楽鑑賞指導によって児童生徒に確かな学力を身に付けさせることが大切。前節では、このように述べました。もちろん、音楽科では表現の指導によっても学力を身に付けさせなければなりません。

さて、この学力という語が学校をベースに語られるとき、必ずと言って良いほど学習評価という語が関わってきます。学力とは、学習によって培われ、児童生徒の身に付いたものである。このような説明でも間違いとは思いませんが、そこにこの学習評価という語を交えて、もう少し説明を続けます。その方が、ここで話題としている学力について、より現実的に、つまり、先生の指導というものに即して理解できるのではないかと思うからです。

ある楽曲を基にどのような指導ができるのか。この点に見通しがつくまではその楽曲はあくまでも楽曲のままです。仮に、そのある楽曲を聴くことを通して、このようなことが指導できる（何かを聴き取らせる、感じ取らせる、分からせる、味わわせる）というような見通しが立った場合、「その楽曲は教材となった」と初めて言えるのです。

この〈指導できること〉を、ここでは〈指導の内容〉という言い方に置き換えておきたいと思いますが、この指導の内容を授業内で具体化してゆくために児童生徒の学習活動を設定しなくてはなりません。例えば、〈ある楽器の音色を聴き取る〉という指導の内容を具体化するために、〈鳴っている音に気をつけながら楽曲のある部分を聴く〉という学習活動を設定します。

次に、その学習活動を通して、指導の内容としての〈ある楽器の音色を聴き取る〉ということが児童生徒に定着したのかどうかが、学校教育では重要になります。そこで学習評価の出番です。

学校における学習評価では評価規準というものが設定されています。これについては、例えば、〈ある指導を経た後の児童生徒に期待する状態を、その指導に際して掲げた目標やねらいに即して、具体的に文章化したもの〉と思って頂いて結構です。

仮に、児童生徒が期待する通りの状態になっていると判断することができれば、その学習を通して、児童生徒に期待通りのある一定の学力が身に付いたという言い方が成立します。

具体的な例ですが、ここでは国語科を挙げます。比較的身近なこととして理解することが可能と考えるからです。

〈新出漢字の読み方と書き方を覚える〉このような指導の内容、あるいは、ねらいを掲げたとします。このように〈指導の内容〉とは、先生の立場からすると児童生徒に身に付けさせたい内容ということになりますので、〈指導のねらい〉と言っても差し支えないでしょう。

さて、この指導のねらいから、〈新出漢字の正しい読み方が分かっている〉〈新出漢字が適切な字体で正しく書けている〉というような、学習を経た後に期待する児童生徒の具体的な姿、状態、すなわち、評価規準が導き出されます。

期待するこの児童生徒の状態の具現化に向けて先生は指導に臨み、児童生徒に新出漢字を書けるようにするための学習活動を計画し実施します。〈声を出して新出漢字の読み方を覚える〉〈先生の手本を基に書き順を覚える〉〈書き順を覚えるために各自で順番通りに書く練習を繰り返す〉〈適切な字体で書けるようにするために、各自で字体に気をつけながら書く練習を繰り返す〉このような学習活動になるのでしょうか。

この間、先生は児童生徒の様子をこまめに観察して、間違った書き順になっていないかどうか等、様々な点をチェックし、フォローする必要もあります。そして、一定の時間を経た時点で学習評価をおこなうことになります。

具体的には漢字テストを実施して回収し、一人ひとりの答案を見極めます。例えば、児童生徒が手本の無いなかで書いた漢字の〈はね、とめ、はらい〉等の精度や、漢字の部や首のバランスの良し悪し等を基準（学校ではこれを評価基準と呼ぶこともあります）として字体について検討し、期待したことの実現状況はどうか。つまり、新出漢字についての正しい書き方が学力としてどの程度成立したのかどうかを学習評価してゆくことになります。さらには、数日後や1週間後にこれらのことを繰り返し、その学力が定着しているのかどうかも見取ってゆくことも必要になります。

新出漢字が正しく読めるか、書けるか。国語科ではこれだけを指導しているわけではないので、実際には、こんなに単純ではないと思いますが、学力と学習評価（学力の見取り）についてできるだけシンプルに解説をするための例としました。

なお、この学力の〈見取り〉という言い方ですが、昨今、特に小学校、中学校の先生方から耳にする言葉で、学力が定着したかどうかの見極めの意味に使われているようです。

5．音楽鑑賞指導における学力〝聴き取れている〟とは？

それではいよいよ、ここで焦点としている音楽鑑賞指導における学力についての話を進めます。

ある音楽からあるものが聴き取れている。

ある音楽から何かが感じ取れている。

これらはまず、音楽鑑賞指導によって見取るべき基本的な学力の２点と思って頂ければ結構です。つまり、音楽鑑賞指導でまず成すべきことは、この２つだという意味ですが、後者の〝何かが感じ取れていること〟は特に大切です。これがきちんと押さえられていないと、本章第７節で説明する主観（感じ取れていること）と客観（聴き取れていること）とをつなぐことはできません。

では、ある音楽からあるものが聴き取れているとは、どのようなことをいうのでしょうか。例えば、先に挙げた『白鳥の湖』より『情景』ですが、この曲には冒頭に比較的長い時間にわたりオーボエという楽器のソロがあります。有名な旋律ですから、多くの人が一度は耳にしたことがあると思います。

小学校中学年を想定して、「オーボエの音色を知る」（指導のねらい)。「楽曲からオーボエの音色が聴き取れている」（評価規準)。このようにして指導を進めることを想定してみましょう。

実際の指導の流れですが、何はさておき、この曲を何度も児童に聴かせます。そうすることによって、冒頭にひときわ目立つ楽器があることに児童は気付くはずです。もちろん、そのように先生が誘導します。次に、注意してその楽器の音を聴き取らせたいと思います。その音に集中しながら曲が聴けるようになった頃に、それがオーボエという楽器の音であることを知らせます。

このようにして彼らは『白鳥の湖』という曲（ある音楽）からオーボエという名前の楽器の音（あるもの）を聴き取りました。これについて学校現場では、オーボエの音色が知覚できたという言い方をします。よほど、指導の方法を間違えない限り、ほぼ全員の児童がオーボエの音色を知覚できるはずです。

実は、オーボエ（あくまでも一般的なオーボエ）の音色にも奏者による個性があって微妙な音色の違いがあります。それでも「この音はオーボエの音」と児童が知覚することができるわけです。これは、先に渡邊氏が触れた客観性そのものです。つまりは、児童がオーボエの音と聴き取ったものは我々にとってもオーボエの音ですし、世界中の誰が聴いてもオーボエの音ということでもあり、世界中の誰もが、この音はオーボエと知覚できるわけです。

このオーボエの音色についてですが、これを学力として見取る場合にはどのようにするのでしょうか。先の国語科の漢字テストにおける〈はね・とめ・はらい〉のような基準はどのようになるのでしょうか。学力を見取るうえで、とても大切ですから明確にしなくてはなりません。

ひとつの例と思ってください。『白鳥の湖』を聴くことでオーボエの音の知覚はできています。次は、同じくオーボエが含まれる全く別の楽曲を聴きます。ですが、今度はオーボエがソロで目立つような楽曲ではなく、他の楽器も共に聴こえてくるような楽曲をあえて選びます。それを聴きながら「オーボエの音が聴こえたと思ったら、そこで手を挙げて」等、何らかのサインを示すように指示しておきます。音楽を聴きながら、オーボエの音が聴こえているはずの箇所で児童の手が挙がれば、彼らは正しくオーボエの音を知覚していることになります。

ここで突き当たる指導の現場での壁があります。それは児童生徒がサインを示してくれるかどうかです。つまり、オーボエの音を知覚していても照れなどから児童生徒はサインを出さないことがあります。この傾向は、多くの場合小学校高学年になると現れ始め、中学生になるとさらに顕著になる可能性があります。このようなとき、「音楽の授業ではこのようにして聴き取れたことを先生が確認するしかないのであり、その確認をもってその授業で目論んだことが押さえられたかどうかを先生が判断する」と児童生徒に明確に伝え、例えば、サインを出さないことは英語の時間におこなわれた単語テストや、国語の時間におこなわれた漢字テストを提出しないことに等しいのだということを示して、児童生徒がサインを出さなければならないという雰囲気を高めておく必要があると思います。

サインを含めて記したような流れにすれば、非常に客観的にオーボエの音の知覚ができていることを見取ることが可能で、これは〈学力〉の確認そのものです。この例の場合には、〈楽曲を差し替えても、そこからオーボエの音が知覚できること〉が基準、すなわち先の国語の例でいう〈はね・とめ・はらい〉と同様のものとなります。

条件を変えてみても同じ結果となったという意味では『白鳥の湖』での学習（オーボエの音を聴き取る）が活きたとも言えるでしょう。逆に、『白鳥の湖』でオーボエの音を知覚しない限り次への発展は難しいとも言えるわけです。

ここで仮に、オーボエと共にクラリネットの音色もクラリネット協奏曲（モーツァルトやブラームス作曲のもので大丈夫です）などの楽曲を聴くことで知覚しておけば、続いて、オーボエとクラリネットの両者がよく聴こえてくる楽曲（本章第7節で紹介するモーツァルトのセレナードのようなもの）をとりあげることも可能となります。ただし、「では、もう１曲聴きます。この曲では、オーボエが聴こえてくるかな？　それとも、クラリネットが聴こえてくるのかな？注意して聴いてください」という発問によって鑑賞します。

オーボエとクラリネットの両方が聴こえてくるにもかかわらず、「どちらが聴こえてくるか？」とは妙な発問と思われるかもしれませんが、これは、あえてそのようにしています。ここで、「両方聴こえてくる気がする」というような声が児童の方から上がれば学習として素晴らしい実りです。彼らは、個別に知覚してきた双方の楽器の音色を頼りに「あれ？　両方聴こえてくるぞ？」と、改めて２つの楽器の音色を聴き取っていることになります。しかも、様々に鳴り響く音のなかから、そして、自らの力によって聴き取っています。

こうなると学力の確認として、より確実です。「オーボエとクラリネットの両方が聴こえてくる曲があります。そのどちらも聴こえてくるか、よく聴いてください」というような発問で聴くのとは行き着く次元がかなり異なります。

このように発問の仕方ひとつで学習としての次元が上がるわけですが、発問については第５章の事例紹介のところで、再度触れたいと思います。

6．音楽鑑賞指導における学力〝感じ取れている〟とは？

次に、ある音楽から何かが感じ取れた。これについてはどうでしょう。実は、ここからの話は、これまでのように簡単ではありません。

まず、例えば先の『白鳥の湖』の冒頭部分ですが、先生の方から児童に対して特に何も意識化せず、「ともかく、音楽を聴いてみましょう。よく聴いてね」として鑑賞を進めたとしましょう。このような場合でも、児童によっては「何と淋しい音なのだろう」「とても悲しげなメロディだ」「このメロディは悲しい。このメロディを弾いている楽器は何て言うのだろう？」等、様々なことを感じ取って聴くかもしれませんし、なかには、「小さな音だ」「段々大きくなった」等、誰もが同じように聴き取ることが可能な、いわゆる知覚のレベルで聴いている児童もいるでしょう。

示したように、音楽を聴く前に先生からの「何かを感じ取ってみましょう」であるとか、「感じ取ったことを後で発表してみましょう」という指示がなくとも、児童はそれぞれ、音楽から何かを感じ取って聴いている可能性が十分にあります。音楽鑑賞とはそういうものです。聴いた後に「何か感じたことありますか？」と児童に問えば、何かしら児童の感想が返ってくることでしょう。

ただし当然、これでは指導として成り立ちません。そもそもそれは指導のねらい、評価規準がないからです。音楽鑑賞が怖いのはここで、指導もしていないのに指導をしたかのような気分になってしまうことです。

そこで、〈ある音楽から何かが聴き取れた〉場合と同じように、小学校中学年を想定して、「音楽を聴いて場面を想像する」（指導のねらい）、「音楽を聴いて場面を感じ取り、思い浮かべ、それを発表することができる」（評価規準）。このようにして指導を想定してみましょう。

こうなると先生も、音楽を聴く前に「これから音楽を聴きます。聴きながら何か様子や場面が感じ取れたり、何か様子や場面が思い浮かんだら、後で発表しましょう」というような意識化を図ることとなり、聴きながら児童がすべきことも具体的になります。さらには、「これから『白鳥の湖』より『情景』という音楽を聴きます。聴きながら感じ取れた様子や場面、思い浮かんだ様子や場面を後で発表しましょう」と先生が告げれば、予め音楽の題名も伝わり、児童にとっては様子や場面が思い浮かべやすくなったかもしれません。『白鳥の湖』という曲（ある音楽）から、多種多様で、とても個性的な児童の発言（何か、感じ取れたもの、思い浮かべたもの）が教室に飛び交うことでしょう。先生が感じ取り方を教えたわけはありませんが、児童はそれなりに発言することができるわけです。

これで指導として成り立ったように思えますが、実は、指導のねらいをこのように掲げ、評価規準を設定しても残る問題があります。それは評価を下すための基準が挙げられないということです。この例の場合には、国語科の〈はね・とめ・はらい〉や〈別の楽曲に差し替えてもオーボエの音が知覚できる〉に相当するような基準の設定ができないのです。これについては、言い方を変えれば学習評価がおこなえないということにもなります。それらはなぜなのか。

それは、ここに挙げたような活動が、結果的に児童の感想、すなわち主観を引き出すものだからです。先の世界標準のオーボエの音（客観的）とは次元が異なり「あなたの感じ取り方は良くて、君の感じ取り方は間違っている」とは言えないのが主観です。挙げた例のように、先生が意識化しないで音楽を聴かせようと、感じ取ったことを後で発表してくださいと意識化して聴かせようと、題名を告げてから聴かせようと、ともかく出てくるものは児童の主観です。そうである以上、それについて先生の方からとやかく言うことや、それに優劣を付けることは当然できません。

もし、とやかく言ってしまうと先生の感じ取り方や場面の想像の仕方を児童に押しつけることになってしまい、そもそもこの音楽を聴かせるという活動の意味が何であったのかが疑わしくなります。始めから、「このように感じ取ってください」「このような場面を思い浮かべてください」と言ってしまっても良かったことになります。

〈ある音楽から何かを感じ取れているか〉では、感じ取れるものがすべて主観であって、それは児童の数だけありますので、結果的に具体的でなく、とても漠然としたものを先生の方から求めていることになります。それでも、何とか学習評価をおこなうことも全く不可能とは言えません。それは、漠然としていることをよくわきまえ、評価を下す基準を何とか評価規準に重ね合わせて児童の述べた感想を全て等しく扱って「ＯＫ」とすることです。国語科の例で言いますと、〈はね・とめ・はらい〉には目をつむり、その字が書けていればＯＫとするようなことです。

〈ある音楽からあるものが聴き取れているか〉と〈ある音楽から何かが感じ取れているか〉。これらを比べてみました。後者の方では、先生が特に何か指導をしなくとも、児童によっては音楽からそれぞれ何かを感じ取ることができ、場面を思い浮かべることもできます。この曲は好き、嫌い、聴きたくない。このような感じ取り方も含めれば、ほどんどの児童が何かを感じ取っているとも言えるでしょう。言うなれば､先生の指導がなくとも､ここで焦点としている〈感じ取れているか〉を達成できているわけです。ですから、感じ取れているかどうかを焦点として指導を進めた場合、ともすると、新たな力（学力）を児童の身に付けさせていることにはならず、すでに児童に備わっている力を確認しただけということにもなりかねません。

仮に感想が述べられない児童がいた場合ですが、何らかの感じ取り方を彼らに伝えることや、感じ取り方を強要することもとても難しく、本質的に、感じ取り方はその人固有のものでない限り意味をなしません。結論的に、個に応じ、感じ取っていくことをじっくりと待つような指導をおこなうしかありません。しかし、一人の先生に数十人の児童という実情からは、なかなか難しいことかもしれません。

このように〈ある音楽から何かが感じ取れているか〉を追求して学習活動を

おこなうことはできます。ただし、それが単なる活動ではなく本当に学習活動であったのか。そして、その学習活動によって児童生徒に育まれた学力が何であるのか？　が明確であり、それを見取ることができるのか。この筋道が通らないと、〈ある音楽から何かが感じ取れているか〉は単なる活動になってしまいます。すなわち、いわゆる〈指導〉としては成立していないことになってしまうのです。

ただし、それぞれの述べた感想を共有したりすることには、他者を認め、自己の感じ取り方や思いも周囲に受けて止めてもらったというような実感を児童に残し、そこには小学生という学齢を考えたときに見過ごせない重要な側面があります。

それは社会性の基本のひとつであり、〈他者と自己の感じ取り方の違いと共有〉というような方向性として焦点化した場合、それも学習であり、とても価値のあることだと私は考えます。また、感じ取ったことを言葉に表して表現することは、これからの学校教育が取り組まなくてはならないことです。

音楽科も例外ではありません。ただ、これらについて音楽科が一生懸命取り組んだところで、それは結局のところ音楽の学習でなくともそれはできることではないかと言われてしまうかもしれません。

では例えば、音楽を聴いて感じ取ったことを発表するというようなこと。これを音楽の学習のひとつの意義として位置づけることは可能なのでしょうか。次は、その話です。

7．〝主観と客観とをつなぐ〟とは

ある音楽から感じ取ったことを述べる。これを学習としてどのように意義づけるのか。

例えば、『白鳥の湖』より『情景』を聴いた児童が「これがオーボエの音か。オーボエの音って何か淋しいな」あるいは、「最初のこのメロディはオーボエの淋しい感じの音に合っている」というような感想を言えるようになれば良いのではないでしょうか。

さらには、別の楽曲に差し替えたときにも、例えば、「この曲でも、やっぱりオーボエの音は淋しい」（例えば、『白鳥の湖』より『４羽の白鳥の踊り』の冒頭の部分)。反して、「『白鳥の湖』と違って、この曲のオーボエは楽しそうで踊りながら吹いているような感じ」(例えば、ドヴォルザーク『交響曲第9番“新世界より”』第2楽章の最後のほうの第90小節あたり)。あるいは、「他の楽器の音が鳴っていてもオーボエが鳴っていることがすぐに分かる。オーボエの音は細いけれども鋭く光が差してくるような感じがする」(例えば、モーツァルト『セレナード第10番第3楽章』の冒頭部分)。このような感想が音楽を聴いた児童から発せられたとしたらどうでしょう。こうなると、児童は主観だけを述べているわけではありません。学習を経て知覚したオーボエの音色(客観)と自らがその音色や音楽から感じ取れたこと(主観)とを関連付けて感想を述べています。

この例のように、オーボエの音を知覚しながら、その音色と音楽全体から音楽のよさや美しさなどを感じ取っているような場合、学校ではそれを感受として先の知覚と区別しています。そして、どちらかというと、この感受のほうを学力として実現できるよう音楽鑑賞指導を進めていると言えるのではないでしょうか。

ただ、必ずしも知覚のほうが感受よりも原初的というわけではなく、このような誤解を招かないために少し難しい話になりますが、児童が音楽を聴く際、必ずしも知覚があってから感受にいき着くわけではありません。なぜなら、例えば、聴いていた音楽のなかでクレシェンド(だんだん音が強くなっていく)が始まったとします。そのとき、「あぁ、これはクレシェンドだな(知覚)」という実感と「このクレシェンド！　何か凄いことが起こりそうだ(感受)」というような感情が時間差なく湧き起こることもあると考えられるからです。もっと言えば、クレシェンドかどうかは、その際あまり関係がなく「凄いことが起きそう！　何かワクワクドキドキしてしまう」とだけ感じるかもしれません。

では、その場合には知覚はなかったのか？　論理的には次のような説明になると思います。

クレシェンドの部分を聴いていて「何か凄いことが起こりそうだ」と感じたからには、その主観と同時にクレシェンドという客観的な要素も必ず聴き取っていたはず。だから、そこには間違いなくクレシェンドの知覚があり、結論的に、そこには知覚と感受とがあったということになります。

このように難しい話になればきりがありませんが、クレシェンドに対する知覚と感受については、聴いているその音楽の特徴によっては、単純に「これはクレシェンド（知覚）」と言える場合もあるでしょうし、挙げた例のように知覚と感受の順番性も明確にできないこともあるでしょう。ですが、このように明確にできないときにこそ、「皆さんがワクワクドキドキしたところではクレシェンドといって音が段々と強くなっていきました」と先生が解説をすれば良いのであって、それにより、クレシェンドには人の心をワクワクドキドキさせる力があるということを児童に伝えることができるのです。

例に挙げたこのクレシェンドですが、大抵の場合、その音楽を作曲した人や演奏している人に上手くしてやられた！　と私は感じてしまいます。まんまと、ワクワクドキドキされられてしまったのですから。

さて、先に〈ある音楽から何かが感じ取れている〉については漠然としていて評価を下すための基準の設定が難しく学力として見取ることが簡単ではないとしましたが、今ここで例として挙げたように、感じ取ったこと（主観）とオーボエの音（客観）とをつないでみると、必然的に「あるものから何かが感じ取れている」ではなく、「オーボエの音色が存分に生かされている音楽から何かが感じ取れている」というように具体性が増してきますので、そこから何らかの学力を見取ることが可能になってきます。

この点について、先に紹介した学習指導要領の解説書に次のように記されています。（波線、下線、二重線等はすべて私が加えています。）

> 音楽のよさや美しさなどについて、言葉で表現し他者に伝えることが音楽科における批評である。このように自分の考えなどを表現することは、本来、生徒にとって楽しいものと言える。ただし、それが他者に理解されるためには、客観的な理由を基にして、自分にとってどのような価値があるのかといった評価をすることが重要となる。ここに学習として大切な意味がある。根拠をもって批評することは創造的な行為であり、それは、漠然と感想を述べたり単なる感想文を書いたりすることとは異なる活動である。（『中学校学習指導要領解説　音楽編』（文部科学省2008）p.18）

文中の「根拠をもって批評すること」とは中学校の第２、３学年の鑑賞における指導事項に当たりますから、これは言ってみれば、音楽科の義務教育課程の仕上げに当たる部分についての記述です。

波線部、「音楽のよさや美しさについて」とは生徒自らが感受したものにあたります。つまり、個々それぞれであって、その本質は主観的なものです。それが他者にも理解される必要があり、そのためには例えば、自分なりの価値という評価的な視点で他者に説明することが重要と下線部に記されています。しかも、その説明を客観的な理由によってしなければなりません。二重下線部は、それに関わる説明と言えます。

客観的な理由とはやはり、先ほどの例でいうオーボエの音でしょうし、その音色の特徴でもあるでしょう。そして、この場合には中学生ですから、オーボエの音以外にも、より多種多様な要素が学習途上に含まれ、客観的なものも複数であったり、それぞれが関わり合うこともあります。

ともあれ、二重線部の記述のように主観をもった時点で活動を終えることなく、その主観と客観（学習で押さえられた音楽を形作っている要素等）とをつなぎ合わせることで学習としての意味が生じる。すなわち、そこには見取るべき学力が生じたことにもなる。全体として、このようなことが述べられていると理解することができます。

音楽科も、小学校から中学校へと同じ方向性を向いて教育が施されています。よって、小、中学校の境目で流れが分断され教育の方向性がそれぞれで異なっているわけではないので、小学校音楽科でも最終的には、ここに書かれていることが達成できるよう、低学年でできること、中高学年でできることをきちんと押さえる必要があります。

一旦は、指導として成立しないと結論付けようとした〈ある音楽から何かが感じ取れている〉という学習ですが、主観と客観とをつなぐことで、むしろ価値のある学習として意義付けることが可能になると学習指導要領にも示されました。

これは音楽科にとり、とても大きな意味があるのではないでしょうか。やはり、音楽鑑賞指導では、聴いた音楽から何かを感じ取るというようなことを避けて通れないからです。つまりは、難しいのに行かねばならないその道のド真ん中を貫いて行くための基本的な考えが示されたのです。今後、これに基づいて、音楽科ならではの「感じ取ったことを言葉に表す活動」を展開していかねばなりません。

けれども、先ほども説明したように、これが単なる活動で終わってはいけません。自らが音楽から感じ取ったことや、音楽を聴いていて思ったこと考えたことを他者に分かりやすいように、論理的かつ端的に説明できる力を児童生徒の身に付けさせなくてはなりません。この力は、つまり、他者との関わりなくしては意味をなさないものですから、その意味ではまさに、人が社会で生きていくうえでの永遠の課題とも言える〈コミュニケーション能力〉とも深く関わるものです。自らの思いや考えを述べる際、その脈絡の分かりやすさを考える。そして、相手への伝わりやすさを考える。音楽を聴いて感じ取ったことを言葉に表す活動がこのような学習として具体化することができ、それによって児童生徒が獲得可能な学力を明確に説明することができるのなら、音楽鑑賞指導が音楽科教育において実現できることを万人に、より説得力をもって示すことにつながるのではないでしょうか。

なお、本章では先に、オーボエとクラリネットの音色の聴き取りを例として挙げましたが、その指導に要する時間はせいぜい 10 ～ 15 分間くらいでしょうか。１回の授業をフルに使わなくとも音楽鑑賞指導をおこなうことが可能です。１つのある楽器の音色を聴き取るということなら５分間でできるかもしれません。児童生徒に触れさせておきたい楽器の音色は数多くありますし、本章で説明した強弱の変化に焦点を当てての知覚・感受も大切です。もちろん、これらの他にも速度の変化などの様々な音楽を形作っている要素に目を向け、児童生徒がそれらを知覚・感受することができるようにしたいものです。

この５分間から 15 分間くらいでできる音楽鑑賞指導を可能な限り数多くおこなうことには大きな意味があります。そこでの知覚・感受の積み重ねが、いざ授業時間をフルに使っての音楽鑑賞指導というときに有形無形の効果をもたらし、例えば、楽曲の特徴や演奏のよさを理解すること（小学校５･６年生）や、音楽のよさや美しさを味わうこと（中学校２・３年生）などの学習指導要領に掲げられている指導事項の実現に迫りやすくするものと考えます。

よって、より多くの楽曲に児童生徒が触れることこそが重要で、音楽の授業の冒頭によく見られる何らかの楽曲を歌う活動のうち、何回かの１回を音楽を聴くことによる、音楽を形作っている要素の知覚・感受に振り向けてはどうかと考えます。

次章では、学校における音楽鑑賞指導について、その様々なあり方を機器に触れながら解説したいと思います。

第3章　鑑賞機器と音楽鑑賞指導

1．音楽鑑賞指導の方法の変遷

第3章～5章は学校の先生向けの内容が中心となりますが、先生以外の方にも一度は目を通して頂きたい内容です。第6章と関わる内容も含んでいます。

学校における音楽鑑賞指導ですが、鑑賞する対象を視点として大きく分けると生演奏による鑑賞、音源による鑑賞、映像による鑑賞の3つに分けることができます。

まず生演奏ですが、今日では、音楽鑑賞教室として児童生徒がプロのオーケストラの演奏を鑑賞することも少なくありません。オーケストラの他にもオペラ、ミュージカル、歌舞伎や能の音楽鑑賞教室もあります。また、室内楽やアンサンブル等の音楽鑑賞教室もあり鑑賞する対象は多様です。

これらは学習ですから、基本的には学校で準備学習をおこない、見所や聴くべきポイントが予め先生から示されていることもあります。いずれにしても、児童生徒はオーケストラの演奏に直に接し、その演奏の様子や音を自分自身の目や耳、その他で感じ取ります。

音源による鑑賞では、20～30年前まではレコードによる鑑賞がほとんどでした。そこに補助的にカセットテープが使われることもありましたが、教科書に付随する音源はレコードであり、カセットテープは指導者が必要に応じて演奏の一部分を録音しておくなどして、それを楽曲の部分的な聴取用として使用していたわけです（この教科書付随の音源は現在に至るまで続いていて、各教科書会社の内容に合わせてレコード会社などの協力を経て作られています。教科書教材用の楽曲の他、数多くの参考曲が収録されていて、同じ楽曲で聴き比べができたりするのはもちろん、先生が授業を進める際の扱いやすさも追求されています）。

というのも、楽曲の部分的な聴取はレコードでは非常に難しく、針を落とす位置を少しでも違えると想定していたものと全く異なる部分の音楽が流れてしまうのです。よって、カセットテープへダビングして使用していたわけです。

また、レコードはほこりに弱く、その溝にほこりが付着するとそれがノイズになって音楽再生の障害となりました。私が中学生の頃、音楽の先生がレコードで音楽を流す前にレコード盤に帯電防止スプレーをかけ、その後、専用のクリーナーパッドで入念に盤を拭き取っている姿をよく見かけました。後に自分が教員となったとき、全く同じことをしていることに気付き、自分も先生になったのだと、妙な実感をもったことを思い出します。その後、音源は瞬く間にＣＤの時代になり、それが現在まで続いていると言えます。

ＣＤの時代になって何がありがたかったかといえば楽曲の頭出しでした。それまでのレコードでは、ドイツ語の『魔王』と思っていても、となりの収録曲である日本語の『魔王』の最後の部分が流れてしまったり、すでに前奏が始まった部分から音楽が流れてしまったり、とにかく苦労したものです。この他、耐久性という面でＣＤはレコードやカセットテープとは比べものになりません。レコードに対してのレコード針、カセットテープに対してのヘッドというように音源そのものを摩耗させ、劣化をまねく接点が存在しなくなり、音源の保守はほぼ不要となって教員も専用クリーナーパッドから解放されました。

映像が音楽鑑賞指導に一般的に取り入れられ始めたのはビデオテープの登場以後だと思います。Ｕマチック、ＶＨＳ方式、ベータ方式など、今その名前を聞くと懐かしい限りですが、当時、学校において、方式選択という意味で悩みの種でした。結局、初期的にはすべての方式を揃えた学校も少なくなかったのではと思います。

この映像ですが、音だけではなく映像で演奏の様子や楽器の形状を確認したり、オペラやミュージカルを視聴することを可能にしたりと、それまでの音楽鑑賞指導を考えると大きな変革をもたらしたと言えるでしょう。児童生徒に注目させたい箇所で映像を止める“一時停止”は非常に有効であったことを思い出します。

しかし、同時に、「見ればすべてが済む」というような安易さは、そのまま音楽鑑賞指導の本質的な点で危険をはらみ、それは現在に至るまで常に潜在的な危険として残存していると言って良いと思います。これにはまた後ほど触れます。

さて、この映像ですが、ビデオテープからディスクへと急速に移行しました。ただ、音源と異なるのはＬＤ（レーザーディスク）を再生する時代を経てから現在のＤＶＤに移行したので、結果的にディスクも２種類が存在することになりました。よって、再生機材も２種類のディスクへの対応が理想的となり、それに応えている機種も実際にあります。

テープからディスクへの移行による利点はＣＤの場合と全く同じです。さらに、映像の場合には特に、一時停止でのノイズ軽減などの細かな点で、やはりディスクの優位性を感じたものです。

2．生演奏とＣＤ再生の違いは何か

学習としての音楽鑑賞指導の本質を考えるとき、生演奏とＣＤ演奏の違いを挙げて考えると分かりやすいかもしれません。

鑑賞体験としては生演奏に勝るものはない。このように主張する方は少なくないと思います。というよりも圧倒的に多いと思います。当然、間違いではないですし、演奏者のいるその場所で、演奏者の発する音や音楽を実体験することは究極の音楽鑑賞と言えます。

それに対してＣＤは、あくまでも機械技術を介しての音楽再生です。一部の音楽を除いて、音楽はあくまでも演奏あってのものですから、レコードやＣＤで聴くには、どこかで生演奏があってそれを録音し、それに何らかの調整を加味してレコードなりＣＤになり市場に流通することになります。そのＣＤが生演奏を忠実に再現しているかどうかとなると、残念ながら生演奏をそのまま再現することは現代の科学技術をもってしても困難と言えます。よって、生演奏のそのときの音を追求する限りにおいては常に生演奏を聴き続けるしかないということになります。

このようにＣＤには原音再現という意味における限界はありますが、生演奏にはない利点があります。それが先ほど述べた頭出しと、繰り返し再生です。ＣＤを教育として利用する場合には、まさに“活用する”という次元での優位性が際立ちます。

特に繰り返しは生演奏においてはほぼ不可能な鑑賞法となりますので、音楽鑑賞教室でオーケストラが意図的に部分演奏をするとか、繰り返し演奏をしながら指揮者や司会者がその意図について解説をするような聴かせ方をしない限り望むべくもありません。

その点、ＣＤはレコードやカセットテープに比べても非常に簡単に楽曲のある部分だけを繰り返し再生することができますし、頭出し機能によって別の楽曲の鑑賞に瞬時に切り替えることも可能です。しかも、それをすることによるディスクの摩耗や劣化も一切ありません。

第２章で述べたように、音楽のある部分を繰り返し聴くという行為は音楽を聴いてその音楽から何か特徴や、その音楽を形作っている要素を聴き取るために必須となります。例えば、『白鳥の湖』より『情景』を聴いてオーボエの音色を聴き取る際、楽曲冒頭から１分位するとオーボエが鳴らなくなりますが、ここで音量を絞り、全員がそのオーボエを聴き取れていたかどうかをもう一度、念のために確認しようとすれば楽曲冒頭に戻す必要がでてきます。当然、ＣＤでは瞬時にそこに戻すことができます。

生演奏でも、企画や構成によってはオーケストラ鑑賞教室においてオーボエを聴き取るために部分演奏をしてくれることもあるでしょう。ただし、それは企画次第ですし、年に一度の機会です。それに対してＣＤでは、ある意味で先生の思うがままに、いつでも児童生徒に聴き取らせたい部分を瞬時に頭出しすることができ、早送り・巻戻しについても比較的高速におこなうことが可能です。さらに、パソコンで編集を加えれば早送り・巻戻しをしなくともダイレクトに聴かせたい部分を用意することもできます。

述べてきたように生演奏には生演奏の良さがあります。これにはＣＤもかないません。ですが、ＣＤには繰り返し再生や、一時停止、頭出しという、教育に用いる際の優れた点があります。学校ではこの点を最大限活用して聴き取る対象を児童生徒に分かりやすく焦点化することが求められます。これはつまり、音楽鑑賞指導の本質に関わることです。誰にも聴き取れることを繰り返し繰り返し再生することによってその教室にいる全員がその音楽の特徴を聴き取ることができるようになる。これです。

レコードやカセットテープでは非常に困難であったことを容易に実現可能にしたＣＤですが、ＣＤの登場以来、音楽鑑賞指導のあり方も大きく変わったと言えるでしょう。音楽鑑賞指導の指導者としての立場から今後望まれるのは、音楽の部分再生をフェードイン、フェードアウトを取り入れながらの編集を容易におこなえるようになることでしょうか。現在でも可能ではありますが、もっと簡単にそれがおこなえたらと願っています。

3．ＣＤ鑑賞と映像鑑賞の違い

音だけの鑑賞と映像を伴う鑑賞との違いについてですが、これはご自分で試してみるのが一番です。例えばＤＶＤを映像で見る場合と、あえて同じＤＶＤのその映像を消して音だけで鑑賞する場合の違いです。映像込みで鑑賞していたときには聴こえて来なかった音が映像を消した場合に聴こえてくることがよくあります。逆もしかりで、映像の中に楽器を確認することでその音が聴こえてくることもあるでしょう。

映像ではよく特定の楽器や演奏者などがアップとなることがよくあります。例えば､先ほどからの『白鳥の湖』より『情景』の冒頭では､まず間違いなくオーボエ奏者が大写しになることでしょう。そして指揮者でしょうか。

もちろん、この２者だけで演奏が成立しているわけではありません。それでも映像としてそれが視覚から入り込んでくると、やはり人間の意識はそれらに集中してしまい、他にも楽器が鳴り響いていることにはなかなか意識が及ばなくなります。

気を付けて聴いていると、この『白鳥の湖』より『情景』の冒頭の部分では、この２者の他に、まずハープが美しいアルペッジオ（一般的に、和音を順番に奏してゆく奏法）を奏しています。そして、弦楽セクションが非常に印象的な低音ピッツィカート（弦を弾く奏法）を奏でています。これらの音を含めて楽曲を聴こうとするのなら映像はむしろ不要です。音だけに集中して“そこで鳴っているもの”を聴くほうがより良いわけです。

では音楽鑑賞指導に映像は不要なのか。そうではありません。映像で見なければ分からないことがあります。今述べたピッツィカートですが、これは音として聴き取れても実際にどのようにその音が発せられているのかが分かりません。

このような場合には、やはりピッツィカートで演奏している様子を映像で鑑賞し、どのように演奏しているのかを確認することが必要になると思います。また、オペラでも映像で確認しなければならないことがあると思います。要するに視覚的な情報が加わることによって、より児童生徒の理解が深まる場合にのみ映像による鑑賞が意味をなすのだと思います。

ただし、映像が先になり、聴くことが後回しになるのではなく、あくまでも耳で聴くことが音楽鑑賞指導においては主でありたいと思います。そして、映像を参考にする場合ですが、耳で聴くことに関連付けて映像を選ばなければ意味がありません。「聴いているだけでは分からない」として映像を見る必然性を導き出すからには、例えば、先のピッツィカートでも、映像のなかにそれが確認できる場面がなければその映像を見る意味がないということです。

概して、映像を見ることを児童生徒は喜びます。だからと言って映像での鑑賞のみで音楽鑑賞指導をしたことにするのではなく、どこかでじっくりと音楽を聴く場面を設ける必要があります。音楽鑑賞指導の基本はやはり音であって、それを耳で聴くことによる知覚、感受に主眼を置きたいものです（同様のことがすでに紹介した『音楽鑑賞の指導法“再発見”』（音楽鑑賞教育振興会）pp.16-17 にも記されています）。

4．見なければ分からないときの映像鑑賞

前節では児童生徒の好む映像での鑑賞について否定的ともとれる言及もあったので多少驚かれたのではないでしょうか。これまでに述べたことを一部繰り返しながら少し補足します。

ここでは映像での鑑賞を軽視しているわけではありません。とはいえ、映像を本格的に授業に取り入れないことが、科学技術の発展や多様化する情報伝達手段に遅れをとった指導法となるわけでもありません。

音楽鑑賞指導では、まず児童生徒が耳をすまし、集中して音や音楽を聴くことが不可欠です。なぜなら、この“耳をすまし”とは、視覚から入り込んでくるイメージを一切もたずに、聴こえてくるその音や音楽だけを注意深く聴き取ることを意味しているからです。

注意深く聴き取った音や音楽が、どんな形をした楽器から発せられた音なのか。どのような編成による合奏の音なのか。どのような演奏方法によるものなのか。このように、児童生徒の興味や関心を次の段階や次元に向けるためには、やはりその音そのものがしっかりと聴き取れていることが必須となります。演奏しているところを見てみたい。この音を発している楽器を見たい。このような気持ちを児童生徒から自然に引き出すことも音楽鑑賞指導ではとても大切になります。もちろん、これらのことは先に映像を見てしまうとできなくなります。

映像には多くの情報が含まれています。映像ソフトによっては音楽鑑賞指導用として編集されたものもありますので、それを児童生徒に見せることで指導

が完了してしまうものもあります。その映像ソフトのなかにはパイプオルガンの演奏を編集したものがありますが、途中でオルガンの音色を変えるために奏者はストップボタンを操作したり、足ペダルで一気に音色を変えたりしている様子が収められています。これを鑑賞すれば楽曲も鑑賞できますし、どのように演奏しているかがすぐに理解できます。ただし、映像だけで指導をすませてしまうと以下のような指導はできません。

状況の設定ですが、パイプオルガンの演奏であることが知覚できている。続いての〈途中でオルガンの音が変わるかどうかに注意して聴く〉という活動が済んだあたりと思って下さい。

先生「途中でオルガンの音が変わりましたか」
生徒「確かに、変わったと言えば変わったかな？」
先生「では、もう一度同じところを聴いてしっかりと確かめましょう。オルガンの音が変わったと思ったところで先生に合図をしてください」

～鑑賞（当該部分）～（合図）

先生「全員の人が同じ所でオルガンの音が変わったと感じたようですね」
生徒「変わっていた。なっとく」
先生「では、オルガンは、どのように音が変わりましたか」
生徒「音が弱くなった？」
先生「では、もう一度聴くから、弱くなったのかどうか確かめましょう」

～鑑賞（当該部分）～

生徒「弱くなった！」
先生「では、どうしてオルガンの音が途中で変わるのでしょうか。二人で弾いていたんだけれど、途中から一人で弾くようになったのかな？」
生徒「そんなことはないと思うけれど、そうかもしれない。うーん、何とも言えない」

先生「では、オルガンを弾いている場面の映像がありますから見てみましょう」

〜鑑賞（当該部分の映像）〜

生徒にとっては、もう一度聴く必然性と、注意して聴くポイントがその都度示され、自然と楽曲を聴くように仕向けられていきます。そのうえで、「見なければわからない」という思いが必然的に導き出されています。このような脈絡ならば、映像のありがたみを生徒は思い知るのではないでしょうか。

第4章　音楽鑑賞指導の方法

1．音楽を聴いてイメージを浮かべると言っても

前の章で音楽鑑賞指導の方法の色々をたどってみました。ここからは、実際に音楽鑑賞指導をおこなう際に指導者が気を付ける点について述べていきます。

「表現の指導に比べて鑑賞の指導はやりづらい」「どこか苦手意識がある」このようなことを先生方がおっしゃることがあります。学習指導要領の目標に「表現及び鑑賞の幅広い活動を通して…」と謳われているのは重々承知のうえで、音楽鑑賞指導のほうが表現の指導よりも時間的にずっと少ない。あるいは、音楽鑑賞指導の時間がほとんどないか、ゼロに等しいというような実情もあるようです。

もちろん、このような実情は苦手意識からだけではありません。表現（歌唱・器楽・創作）は、ある程度時間を要する活動ですので、特に年間授業時間数の少ない中学校音楽科においては、その表現の活動の合間を見つけて鑑賞の授業をおこなわざるをえません。結果的に、鑑賞の指導をおこないたくとも満足におこなえないというのも現実だと思います。

ただ、先に述べたように「事実、鑑賞の指導は難しい」「その難しさゆえに何となく避けてしまう」というのも、もうひとつの現実だと思います。その原因は、やはり、音楽鑑賞指導における学習評価の難しさではないでしょうか。

これについては、すでに第２章で触れていますが、「ある音楽から何かを感じ取る」とか「ある音楽を聴いてイメージを浮かべてみる」もしくは「景色を思い浮かべたり、場面を想像してみる」というような指導のねらいを掲げたときは、指導として大変に難しい展開になります。これらは児童生徒の主観を引き出すことになってしまい、その主観に対して学習評価をおこなうことは、とても難しいことなのです。

その難しさゆえに、先生が鑑賞の指導を避けているとしたら、当然、その学校で音楽鑑賞指導はおこなわれなくなってしまいます。

また、そもそも音楽鑑賞指導には、音楽を聴いてイメージを浮かべてみたり場面を浮かべてみるというような方法しかないと先生が勘違いしていたらどう

なるでしょうか。必然的に、「音楽を聴いてイメージを浮かべてみましょう」として児童生徒に音楽を聴かせる。その後、感想文などを書かせて回収するものの、それらに対して評価をおこなう基準が明解でない限り、ただ音楽鑑賞をおこなったというだけのことになりかねません。

あるいは、音楽鑑賞指導の方法について先生が悩みを抱えつつも、時間的、物理的な制約から、なかなかそれを模索できないでいるとしたら、多くの場合、やはり感想文を回収した後、先生はその評価に苦しむことになります。一体、どんな評価が適切で、適切でないのか。その基準をどうすればよいのか。悩みはつきません。

感想文ですが、文章が長いか短いかを評価をおこなう際の基準にすれば良いのかというと、そうは言えません。本当に何も書けなかったような場合を除いて、短めな文章のなかにもその児童生徒なりの感じ方を凝縮したような文言や、音楽に対する最大限の賛辞が込められているかもしれません。反して、長い文章であっても空想が広がり過ぎて、もはや、聴いた音楽とは別の世界にまで及んでしまっているようなことも無きにしも非ず。もしかしたら、長く書いたほうが先生を喜ばすことができると思って頑張って書く児童生徒がいるかもしれません。

感想文に代表されるような「音楽を聴いて何かイメージを浮かべる」という音楽鑑賞指導には、どうしても課題が残ってしまいます。先に述べた通り、第一に、その感想文が音楽鑑賞指導の成果であったと言いきれるかどうかが曖昧で、先生の指導がなくとも、児童生徒はその感想文が書けたかもしれません。また仮に、成果であったとしても、それは一歩間違えば先生の主観の押しつけになりかねませんので最も注意を要する点だと言えます。

仮に、「指導計画に鑑賞の指導を盛り込もうとしても、音楽を聴いてイメージを浮かべる方法しか思い浮かばず、結局、自身でも納得がいかずに鑑賞の指導を取り止めてしまった」もしくは、「納得のいかないまま、悶々とした思いを残しながら鑑賞の指導をおこなっている」というような現実に先生が悩んでいるとしたら、この際、音楽鑑賞指導の方向性を変えてみることをお薦めしたいと思います。

具体的には、第２章でも触れたような、「ある音楽からあるものを聴き取る」ことを基本にして、そこから、音楽のよさや雰囲気を感じ取れるように仕向けてゆく音楽鑑賞指導に切り替えることです。この方法だと、聴いた音楽の特徴等の客観的な要素が基本となるので、児童生徒は、ある程度共通の基盤に立ちながらそれぞれの感じ取り方をするようになります。最終的には、やはり音楽を聴いて、そこから何らかのイメージを浮かべることにはなりますが、その前提を客観的な要素によって共通に築いておくことが、単に音楽を聴いて個々人がそれぞれのイメージを浮かべることとは決定的に異なります。

このことが学習評価をある程度客観的におこなうことも可能にしますが、次に、その客観的ということについて、もう一度、触れておきたいと思います。

2.〝客観的である〟とは誰にも同じことが聴き取れ、分かること

音楽鑑賞指導において客観的な要素をベースに置くということは、第2章の5などで述べたように、誰にも同じことが聴き取れること・分かることを指導の目標や評価規準として掲げることを意味します。音楽鑑賞ではなく音楽鑑賞指導ですから、先生が指導したことが全ての児童生徒の身に付いているのかがとても重要になります。

これらのことが少しでも疎かになると、そもそも全ての児童生徒に聴き取れなくとも良い、必ずしも全員が分からなくても良い、というようなことにもなりかねません。学校は公教育ですから、等しくすべての児童生徒に目論んだ学力を定着させる責任を負っています。よって、本質的には、学んでいる児童生徒全員が目標に挙げられたものにたどり着くことが必要不可欠となります。

さて、ではここでいう「誰にも聴き取れること」ですが、具体的にいうと、第2章で触れたような楽器の音色がまず挙げられます。先生が児童生徒を注意深く見守りながら、ある楽器の音が聴き取れるように指導を進めます。そして、その楽器の音に全員が気付いて、皆が注目しているのはこの音に間違いないとなったところで、楽器の名前を伝えます。当然、第2章で例示したように他の楽器の音が混ざるような楽曲に替えてみて、それでも学習した楽器の音色が聴き取れているかや、しばらく期間を置いてから、再度その楽器の音色を聴かせ、同じように答えることができるのか等、学力としてそれが定着しているかを確かめる必要があります。

次に、例えば音の強弱の差が激しい曲があります。強い音、弱い音は、これらが互いに比較された場合にその差がはっきりと知覚できますし、人間は通常、経験的あるいは生理的に「この音は強い」「弱い音だ」というように音の強弱を

知覚することができます。よって、楽器の音色と同じように、ある音楽を聴いてその音楽には音の強弱があることを児童生徒全員に気付かせ、それらを例えば、フォルテ（強い）とかピアノ（弱い）、あるいはクレシェンド（だんだん強く）デクレシェンド（だんだん弱く）というように呼ぶと教えることも可能になります。その結果、「音楽のこのようなものをクレシェンドというのか」というように、誰にも同じことが理解できた（分かった）ことにもなります。これらの語の意味はオーボエの音色と同様、世界中の誰もが、同じように理解しています。

さらには、その音の強弱によってもたらされたその音楽の雰囲気が、聴いている児童生徒に何らかの感情を生じさせることもあるかもしれません。例えば音がどんどん強くなり、気分が盛り上がるような音楽を聴いた後に、「先生、この曲を聴いていたら何だかドキドキしてしまった」というような感想を誰かが述べるかもしれません（例えば『アッピア街道の松』（レスピーギ）をお聴き下さい）。

そうしたら、先生は「どうしてドキドキしてしまったのかな？　その理由を聴いた音楽の特徴のなかから探して言ってごらん」というように、学習として知覚したもの（クレシェンド）の効果（この場合にはまさに魔力）によって自然に感情が高ぶりドキドキしてしまったというような、ある種の脈絡に気付かせてあげれば良いのだと思います。これはオーボエの音色で説明したことと基本的に同じで、ドキドキしてしまったという主観とクレシェンドという客観をつなぎ、それを説明できるように仕向けたわけです。ここで次のようにまとめておきたいと思います。

①客観的な要素をベースに置くことが音楽鑑賞指導において最も大切なこと。

②客観的なことは共通事項*。

＊「共通事項」とは平成20年告示の小・中学校学習指導要領に新たにもりこまれたものであり、例えば中学校では、音楽を形づくっている要素や要素同士の関連を知覚し、それらの働きが生み出す特質や雰囲気を感受する能力を育てることをねらいとして、「音色」「リズム」「速度」「旋律」「テクスチュア」「強弱」「形式」「構成」の８つが音楽を形づくっている要素として挙げられている。この他、音楽を形づくっている要素とそれらの働きを表す用語や記号などについて、音楽活動を通して理解すること、と記されている（『中学校学習指導要領解説　音楽編』（文部科学省 2008）より要約）。

ただし、ここで注意しなければならないことがあります。それは、この「共通事項」を教えていくことが音楽鑑賞指導の目的となるわけではないということです。

この『アッピア街道の松』では「強弱」という共通事項に触れますが、「強弱」という要素がこの音楽全体の雰囲気にどのように関わっているのかを生徒が感じ取ることのほうが重要です。つまり、この『アッピア街道の松』のように朝もやの街道を遠くから兵士が行進しながら近付いてくるのを表すのに欠かせない要素が「強弱」で、あくまでも楽曲の特徴を生徒が感じ取り、その楽曲全体の雰囲気を味わって聴くための〈聴きどころ〉として共通事項に触れる。こういうことになるわけです。

それによって、音楽における強弱、なかでもクレシェンドには物理的に何かがこちらに近付いてくる様子を表すことができる。そして、聴いている人にドキドキするような感覚をもたらすことができるということを生徒が学べれば良いのだと思います。

もちろん、ここで例に挙げた『アッピア街道の松』にしてもクレシェンドだけがドキドキを生じさせていたのではなく、その他、メロディの変化、和音の効果、ある場面でのシンバルの強烈な炸裂音等、様々な要素が総合的に関わっていると言えます。ただ、学習としては「あれもこれも」は無理であって、現実的には、1つひとつこれらを聴き取るように指導者が仕向けるか、何かひとつを選ぶかです。いずれにしても、例えば、メロディの変化や和音の効果、シンバルの炸裂音も間違いなくドキドキ感は生じさせているものの、ここにクレシェンドが加えられて初めて、もっと言葉にならないようなドキドキ感が湧きおこってくるというように、指導者が、その音楽の「特徴のなかの特徴」を見極めておくことも必要になってきます。

この音色、音の強弱の他にも客観的にとらえられるもの、すなわち誰にも聴き取れることは他にもいくつかあります。例えば、速い音楽、遅い音楽があります。さらには途中で速度がめまぐるしく変わる音楽もあります。このほか、リズムに特徴があったり、ロンド形式やソナタ形式というように形式に着目することができる音楽もあります。リズム、速度、形式、いずれも共通事項です。

なお、高等学校には共通事項がありませんがそれに当たるものが設定されています。

3．音楽鑑賞指導は〝楽曲の特徴を聴き取る〟ことから始まる

前節で、「指導者がその音楽の特徴のなかの特徴を見極めることも必要になる」と述べました。そのためには、音楽鑑賞指導で児童生徒に聴かせる楽曲を先生が事前に何度も聴くことになります。そして、注意深く何度も同じ楽曲を聴く過程で、誰にも聴き取れ、誰にも分かるその音楽の特徴を浮き彫りにしなくてはなりません。さらには、その特徴がどのようにその楽曲のよさや雰囲気に関わっているのかも先生も児童生徒と同様に感じ取っておかねばなりません。

まずは、誰にも聴き取れ、誰にも分かること。いわゆる、客観的であることを探すように音楽を聴くわけですが、そのときの視点はもちろん、共通事項における音楽を形づくっている要素です。例えば順番に、「音色としての特徴はどうか？」「リズムとしての特徴はどうか？」と聴いていくことになります。

そうなると、最低限、8回は聴くことになりますが、それだけでは多くの場合、不十分です。したがって、本来は、もっともっとその楽曲を聴かなくてはならず、まさに、聴いて、聴いて、聴きまくる、というのが理想的です。しかし現実的には、先生は音楽鑑賞指導のことばかり考えているわけにはいきません。よって、「常に共通事項の視点をもって聴く」が実現目標。「1回聴くよりは2回」が努力目標。「2回よりは3回」が理想目標。このようにとらえて頂ければと思います。

ただ、時間があれば、やはり、ある程度の回数を聴くに越したことはありません。自分の話ですが、数年前、ある地方都市で中学校の先生方と鑑賞指導の研究をおこない、ある楽曲を教材とすることになりました。当然、その楽曲を聴くことになります。中学校の音楽室をお借りして、昼間、幾度も幾度もその楽曲を先生方と聴きました。そして、意見を出し合い、このような点がその楽曲の特徴ではないかと検討を重ねつつ、結局は「これだ！」という次元にまでいき着くことができずに解散。

その夜、深夜というか明け方2時か3時まで、私はその楽曲を繰り返し繰り返しホテルの部屋で聴きました。でも、人間の集中力はそんなに続かないもの。少し別のことを考えていると、特に「聴こう」と思っていた部分を聴き逃してしまったり、ついウトウトしている間に最後まで進んでしまい、もう一度最初から聴くことになったり、そのうちに、ヘッドフォンの重みで頭が痛くなってきて、音楽を聴くことが苦痛へと変わりつつありました。

翌日も同じことを繰り返したように思いますが、その甲斐あってか、どうにか生徒にも聴き取れること、分かることを最終的に浮き彫りにすることができました。ただし、すべてがこのような結果になるわけではありません。なかには、最後まで指導内容にいき着けないこともあります。

本来は、心を癒されるはずの音楽鑑賞が、まさに、自らへの責め苦のような笑うに笑えない状況でしたが、それでも私は、時間が許すなら、できるだけ児童生徒に聴かせる楽曲を事前にたくさん聴くべきだと思います。それは、私達は児童生徒達に責任を負っているからです。

音楽鑑賞指導により、どのような力を児童生徒の身に付けさせるのか。それは教科書の見開きページの何処かにほのめかされていたり、教師用指導書に記されていたりと、いずれも、とても有用なのですが、児童生徒の前に立つ者として自分自身の耳で児童生徒に聴かせる楽曲を聴き、その音楽から自分自身が確信をもって指導内容を見抜くことは、やはり、大切なのではないでしょうか。たとえ、その過程が自らにとって、ある意味で過酷でも、児童生徒が先生のその努力により確かな学力を身に付けてくれるのなら、それですべては報われるのだと思います。余談ですが、ホテルの部屋で私を苦しめた楽曲。以前よりもずっと私はその楽曲が好きになりました。

さて、この共通事項ですが、これによって、音楽科の指導を進めるうえでの客観的な拠り所が明確になり、とても指導の構成がしやすくなったと私は思います。できることなら、是非、この先もずっと、学習指導要領に存置されて欲しいと願っています。そして、今後、学習指導要領から消えるはずはないと信じています。

学校でおこなわれるのは音楽鑑賞指導であって音楽鑑賞ではない。音楽鑑賞指導は客観的なものを学ぶ対象（知覚する対象）としない限り学習としてスタートし成立させるのは難しい。ここまで再三、このように述べてきましたが、これらは、この先どんなに時代が変わろうとも永遠に変わりません。ですから、学習として音楽鑑賞指導がある限り、つまりは、学習指導要領における音楽科の目標に「表現及び鑑賞の幅広い活動を通して、音楽を愛好する心情を育てるとともに、音楽に対する感性を豊かにし、音楽活動の基礎的な能力を伸ばし、音楽文化についての理解を深め、豊かな情操を養う」というように記されている限り、音楽鑑賞指導を通して児童生徒に学力を身に付けさせることが命題となりますので、その音楽を聴くことによって聴き取れるようになった何か、感じ取れるようになった何か、理解できるようになった何か、味わえたもの（第5章で説明）、これらを、まずその学習者に対して、そして、その保護者に対しても明解な方法で示すことが求められます。

4.「音はすぐに消えてしまうもの」だからこそ気を付けたい

よく言われることですが、音楽は、そこに鳴り響いた瞬間に消えていきます。音楽鑑賞指導をおこなう際に、音楽のもつこの特性を十分に理解しておく必要があると思います。つまり、音楽鑑賞指導では、音楽が鳴っているときが重要です。

それにもかかわらず、その音楽は一瞬で消え去ってしまうので、聴いた音楽から何かを知覚させようとしても、何らかの感受を期待しても、児童生徒がそれらについて語るときには、すでに音楽が鳴り止んでいます。

結果的に、児童生徒は記憶に残るもの（この場合には心に残るものとしたほうがよいでしょうか）として、音楽から知覚・感受したものを説明することになります。

この音がすぐに消えるということは、あまりに当たり前過ぎるので、ついつい忘れてしまいがちです。だからこそ、音楽を聴いて聴き取ったもの、または感じ取ったものについては、もう一度、その音楽を聴いて確かめてみるのが、より良いのではないでしょうか。児童生徒が聴き取ったものは何であったのか。あるいは、ある生徒が音楽から何かを感じ取ったという場合、それは、音楽のどの部分で感じ取ったのか。いずれも、音楽をもう一度聴いて、それを確かめてみることが必要です。

その理由は、ここまで再三繰り返して来ているように、これが音楽鑑賞指導であるからです。つまり、先生が学習課題として聴き取って欲しいと目論んだことを児童生徒は聴き取れていたのか。このことを、実際に音楽を聴くことによって確かめることが音楽鑑賞指導として欠くことができないのです。

したがって、例えば、『白鳥の湖』より『情景』のオーボエの例にもあったように、「もう一度、同じ音楽を聴きます。オーボエが鳴っていると思ったら、そこで手を挙げましょう」というように、分かりきっていることのようでも、必ず音楽を聴きながら、聴き取れているものを確認しなければなりません。

また、「この音楽を聴いていて興奮してしまった」という児童生徒が数多くいたなら、「もう一度、この音楽を聴きましょう。興奮したというのは、例えば、どこの部分かな？　聴きながら手を挙げてみましょう」としてもう一度音楽を聴き、彼らが手を挙げた部分を先生のほうで覚えておき、聴き終わってから、その部分にどのような特徴があったのかを説明する必要もあります。

そこで、「君達が手を挙げたのはクレシェンドの部分でした。それも、とっても弱い音から、かなり強い音までの急激なクレシェンドでした」と先生が解説をおこなえば、自分が興奮した理由のひとつは、この音楽のクレシェンドなのかもしれないと児童生徒は気付き、自分が感じ取ったことと、音楽を形作っているクレシェンドという要素とがつながり、クレシェンドには人の心を高揚させる力があると彼らが認識する切っ掛けになるかもしれません。

これらは、指導の組み立て方の一例のように説明していますが、当然、音楽は、例で示したように単純なものではありません。先に述べたように、クレシェンドだけが彼らを興奮させているのではなく、その部分の音楽を形作っている要素はまだ他にもあり、その要素同士が関わり合って醸し出す雰囲気というものもあります。そして、これらは簡単には説明できないものか、まったく説明できないものですから、先生としては、音楽のなかの要素同士の関わりのなかから明解にできるものだけを選び、彼らに説明しなければなりません。

この要素と要素同士の関連についてはすでに述べたように、平成20年告示の学習指導要領（中学校解説　音楽編　p.14等）にも記されていますが、実際の指導においては、やはり、要素の知覚や、要素と要素の関連の知覚・感受において、音楽を聴いて確かめるという音楽鑑賞指導の鉄則を忘れないことです。

児童生徒がどこの何の要素を知覚・感受したのかを確かめなければならないとき。こんなときに言葉は無力です。音楽を形作っている要素を確かめることができるのは音と音楽のみ。ですから、確かめるためには重ねてその音楽を聴くしかないのです。もちろん、第２章第７節で述べたように、今後、音楽科においても言語活動はおこなわれるべきです。ですがそれは、児童生徒が感じ取ったことを、例えば知覚できた要素と関連付けて他者に説明するときのことです。

今後、音楽鑑賞指導に言語活動として求められるのは児童生徒が音楽から感じ取ったことを、聴いたその音楽の特徴と重ね合わせて端的に他者に伝えることができるようにすることであると、第２章ですでに述べました。よって、「君達がオーボエと思うのは、最初のピーピピピーという部分かな？」とか「君が興奮したのは、あのタンタカターンというところかな？」として先生が児童生徒に何かを答えさせるというようなことのみでは言語活動としては十分と言えないと思います。これでは音楽の特性を忘れてしまった単なる言葉のやり取りとなりかねません。やはり、筋道が通っていて論理的であることが必要です。

音楽は鳴り響いた瞬間に消え去る。このことを肝に銘じて音楽鑑賞指導を進めたいものです。聴かせるべき音楽をピンポイントの如く焦点化して何度も何度も児童生徒に聴かせる。音楽を形作っている要素の知覚と感受という意味で必要があるなら、さらに繰り返し聴かせる。それはときに楽曲の一部分であり、全曲でもある。

この聴く行為によって耳に残ったものが初めて音楽科における言語活動、つまり、小学校における「言葉で表すなど」、中学校における「言葉で説明するなど（1年生）」、「根拠をもって批評するなど（2・3年生）」という、聴いた音楽から児童生徒が想像したことや感じ取ったこと、思ったことなどを表出するための1つの方法に関わらせることができる。このことをいつも忘れないことが大切だと思います。

5．同じ楽曲でも演奏者によって感じが変わる

音楽鑑賞指導において、演奏者によって表現の違いがあるという点は重要です。管弦楽、吹奏楽、弦楽、管楽、室内楽、ピアノ、声楽、オペラ等、全てにおいて演奏者による表現の違いがあります。「そんなことはない。自分には皆同じに聴こえる」とおっしゃる方もいるかもしれません。そのときには、どうか時間の許す限り、複数回、同じ作品の異なる演奏を聴いてみて下さい。例えば、速度はどうか。強弱はどうか。その両者の関連はどうか。このように視点をもって聴くと、すぐに違いが分かってきます。

小中学校で鑑賞することになっているベートーヴェン（ドイツ生まれの作曲家 1770 ～ 1827）の『交響曲第５番』。誰もが知っている冒頭の「ジャジャジャジャーン」はおそらく 100 種 100 様です。

この部分は、そんなに弱く演奏されるわけではありませんが、それでも強弱、速度に関するだけで、強くて速い。強くて遅い。とても強くて速い。とても強くて遅い。やや強めで速い。やや強めで遅い。このように幾通りもあり、強弱

や速い遅いに目盛りがあるわけではないので無限とも言えます。

そこに、指揮者の味付けともいえる、音の出し方や音のニュアンスの指示（音色）がそれぞれ個性的で、例えば、伸ばした音に深みがあって重厚と呼ぶに相応しい。伸ばした音が暗めで悲劇的な響き。伸ばした音が若干増幅されて悲痛な叫び。あまり音を伸ばさず明解で清楚。挙げればきりがなく、「ジャジャジャジャーン」だけでも無限の形容ができると思います。この点には教科書会社も着目していて、学校で使用されるＣＤには演奏の聴き比べができるように数種類の演奏が入っていることがあります。

少し話がそれますが、演奏の聴き比べが好きな人の話を聞くと、「このイタリア人指揮者の第５番はエスプレッソの香りがする」とか、「ドイツの巨匠の指揮する第５番は強い葉巻の香りがする」というように香りをベースに独特の表現をしたり、スーパーカーに例えて、「この演奏は、まるで真っ赤なフェラーリのようだ」「こっちはシルバーのポルシェのようだ」といった勝手気ままな例えもあります。自動車の場合はエンジン音に例えていたり、その走りっぷりであったり、様々なようです。要するに、演奏の違いというのは、一旦、それに魅了されてしまうと、ついつい何かに形容して楽しみたくなるのでしょう。

各人、頭にその音や音楽を流しながら、それを言葉で表すわけですが、そのなかの多くの人が、意識的、無意識に第５番の交響曲から自分が感じ取っているものと、それを形作っている要素とを絡めているものと思います。

例を挙げれば、「自分は、カール・ベーム（オーストリア生まれの指揮者1894 ～ 1981）の指揮するウィーン・フィルハーモニー管弦楽団の第５番の第１楽章の冒頭部分が大好きだ。あのゆったりした速度で奏でられる弦楽器の音色と、胸の奥から湧き起こるようなクレシェンド。その背後で鳴り響く金管の音色がたまらない」というようなものです。ある程度、楽曲を聴き込んだからこそ言える一言ではありますが、「大好き、たまらない」という打ち消しがたい感情が、速度や弦楽器の音色、クレシェンド、金管の音色という要素と絡めて述べられていることになります。

もうひとつ例を挙げれば、「自分は、クラウディオ・アッバード（イタリア生まれの指揮者 1933 ～）の指揮するウィーン・フィルハーモニー管弦楽団の第５番とカール・ベームのものとを聴き比べるのが大好き。同じオーケストラなのにアッバード版からは現代的で多国籍な音色が聴こえてくる。ベーム版からはまさにゲルマンの深い音が聴こえてくる」というような述べ方もあるでしょう。まさにそれぞれの主観ですから、誰もがこのように感じるかどうかは分かりませんが、おおよそ、その人の言いたいことは分かる。演奏者によって表現の違いがあるとは、このようなことではないでしょうか。

これらのコメントは聴いた音楽を形容する場合のひとつの例と言って間違いないと思います。もし、「ベートーヴェンの交響曲第５番であっても、その違いなど自分には分からない」とおっしゃる方がいたら、さしあたり、速度や音色といった要素に着目する聴き方がお薦めです。これだと、やはり、ある程度客観的なことがベースとなりますので、仮に、感じ取ったことを他者と交わすような機会があれば同じような聴き方をしている人がいる可能性があります。そのようなとき、「あぁ、自分と同じ感じ取り方をしている。同じ聴き方をしている」と実感でき、それだけでも嬉しい経験になるはずです。何より「自分の聴き方は間違っていなかった」と思えることもとても大事です。間違いなど、元からないのです。

さて、音楽鑑賞指導に話を戻しましょう。この演奏の違いを十分理解したうえで、指導に際して、それをどのように生かすのかを考えなければなりません。先ほどのベートーヴェンの第５番の交響曲ですが、これを教材として考えた際、生徒に聴き取らせたいものが聴き取れる演奏であるかどうかが重要になりますので、それを先生がきちんと聴いて判断できているかどうかが指導の成否を左右することになります。

例えば、楽器の音色を聴き取るにしても、強弱を聴き取るにしても演奏の速さは重要です。速い演奏では生徒は音色も強弱も聴き取り辛くなります。目まぐるしく音楽が流れ、まさに、あっという間に流れ去ってしまうのです。このような場合には、ゆっくり目の演奏を選ぶ必要があります。

もし、学校に備えられているＣＤにピッタリとくるものがないなら投資して消耗品・備品として適切なものを購入する。予算は限られていて難しいかもしれませんが、ここではこのように述べておきたいと思います。楽器の音色を聴き取らせたいと思いつつ、それを速い演奏で聴き取らせるしかなく「本当は、もうちょっとゆっくりだと思って聴いてくれる？」とは生徒に言えませんから。

他にもあります。楽器の音色を聴き取るには個々の楽器の音色がある程度聴き取りやすいことも条件となります。ですから、そもそも各楽器が聴き取りやすい音バランスであり、楽器個々の音色が活かされていることも実は重要です。

「ここのホルン（ベートーヴェン交響曲第５番第１楽章、提示部第２主題の始まる前)、本当はもっと明るい音だと思って聴いてねー」

これも口が裂けても言えません。先ほどの渡邊氏が――(前略)「教材」とは、曲名でもなければそれに付随する知識でもなく、子どもたちに音楽を聴かせるそのときに「そこに鳴り響いた音響そのもの」である、といえるのである。――(渡邊學而 『子どもの可能性を引き出す音楽鑑賞の指導法』 pp.54-55)と述べているように、音楽鑑賞指導では、そこに鳴った音が全てです。第2章で紹介した『音楽鑑賞の指導法“再発見”』にも以下のように記されています。

> 「音楽の特徴を感じ取る力」ということはどういうことか⇒そこで実際に鳴っている音楽そのものから、音楽の特徴(曲想、音楽の諸要素、音楽の仕組み)を感じ取ること。⇒したがって、「教材」とはそこで実際に鳴っている音楽そのもの、と考える。(前掲書　音楽鑑賞教育振興会 p.10)

鳴った音そのものが教材になることの意味をよく理解し、再生機器の音量、音質、児童生徒への音の伝わり方にも十分に配慮することが求められます。

次は、これまでに述べてきたことにここで述べた演奏の特徴や違いを踏まえてひとつの指導の流れを考えてみたいと思います。

6. 〝1分で済むところを20分かけて〟 音楽による鑑賞指導なのだから

前節では演奏者の解釈に基づく表現には色々あることを紹介しましたが、ここではその演奏者の解釈を鑑賞指導の一部分に役立てる方法を紹介します。

特に高等学校では、「作曲者及び演奏者による表現の特徴」にも焦点を当てて音楽鑑賞指導をおこなうことが平成21年告示の学習指導要領に示されています。

ただし、ここでは、「実際にこの方法で授業をおこなってみてはどうでしょう」という意味で紹介するわけではありません。この本でこれまでに述べてきたことを実際の指導の流れに当てはめますので、方法というよりも、どちらかというと概念と思って下さい。ちなみに、ここまで、音楽鑑賞指導において大切にしたい客観性とか音そのものの大切さ等について様々な角度から触れてきましたので、これからも、それらを基本として話を進めます。

学校には同じ楽曲を異なる演奏者で聴き比べができるような音源があると思います。私もかつてそれらを使って授業をしました。例えば、前節にも挙げたベートーヴェンの第５番の交響曲です。

ありがちなのが、ひと通りこの曲の学習を終えた辺りで「ここに数種類のベートーヴェンの第５番交響曲の第１楽章の演奏が収録されています。指揮者やオーケストラの違いによる演奏表現の違いを聴き取ってみましょう」として、それらをそのまま聴き比べてみるという指導ではないでしょうか。

これが決定的に間違っていると言うつもりは全くありませんが、このやり方ではこの本でこれまでに述べてきていることと重なりません。

それはどうしてなのか。まず、演奏表現の違いとはどのようなことを指すのかが分かりません。この本で述べてきたことに従うと、何より演奏表現の違いというものを客観的に示さなければなりません。これは皆が共通した視点をもつという意味でとても重要で、例えば、速度、音色、強さ弱さというように〈誰もが聴き取れ、分かる〉ことに焦点を絞る必要がありました。

また、この例だと演奏者が異なれば演奏表現が違って当然ということが、すでに前提となっています。もちろん、これを自明視する考えもあると思いますが、演奏者が異なると演奏表現が変わるのはなぜかを児童生徒に伝えることはとても大切です。もう少し細かく言うと、演奏者の演奏上の「解釈」というものが演奏表現に反映され、演奏者による演奏表現をもたらしているからなのですが、このことを児童生徒が学ぶことは大きな意味があると私は思っています。例えば、まず、音楽のとらえ方は多様だという視点を児童生徒がもつことに寄与することでしょう。また、演奏者の解釈というものを、人が世の中で何かをなす際、自分のすることに責任をもつという意味に置き換えて児童生徒にとらえさせることも可能です。さらに、自分がどの演奏（解釈）を好むのかについて意見を交わす機会があるなら、自分の思いや考えを他者に向かって示し、同様に他者の思いや考えを受け止めるというような経験を彼らにもたらします。つまり、音楽鑑賞は学習としては知覚、感受、味わいという道筋をもつものの、その過程で個々人が音楽から感じ取るものは、本質的にはその人の感じ取り方で良いという意味で、とても貴重なのです。

このような、直接音楽の学力とは関わらないものであっても音楽学習を通して得られるものには変わりありませんし、このような経験こそが児童生徒の人としての成長に関わってくるとも言えるのではないでしょうか。

さて本題ですが、ブルックナー（オーストリア生まれ 1824-1896）という作曲家がいます。第０番から第９番までと番号のない１曲をふくめた 11 曲の交響曲や『テ・デウム』といった数々の優れた名曲を後世の我々に残してくれました。

彼は交響曲を完成させると、すぐにもそれを部分的に、あるいは大々的に作り直した人として知られています。作り直すにはそれなりの訳があったのですが、ここでは彼の向上心がそのような行為に駆り立てたとしておきます。

とはいえ、作り直す前のものが劣っていたのかというと決してそうではなく、それはそれで独特の味わいをもち、聴く人を魅了してやみません。結果的に、現代の我々はブルックナーの交響曲のほとんどについて、幾通りかの楽譜による演奏を聴き比べることができるわけです。

ここでは、先のベートーヴェンの第５番、第１楽章の演奏を聴き比べるのに先立ってブルックナーの『交響曲第７番』の第２楽章を取り上げます。この第２楽章の終盤に６連の音の流れをベースにした静かな合奏が徐々に盛り上がって高揚していく劇的な部分があります。そして、その絶頂部になるとシンバルの強い炸裂音とトライアングルの連打、ティンパニのロール（細かな連打）が鳴り響きます（ＣＤによって異なりますが、第２楽章冒頭から約 18 分から 20 分位経過した頃です）。

例えば、「今から、ある音楽の一部分を聴きます。先生が合図をする辺りで、皆も知っている打楽器の音が聴こえてきます。聴いた後に、その楽器名を教えて下さい」として、その第２楽章の高揚が始まるあたりから打楽器が聴こえてくるあたりまでを聴いてみます。

すると、おそらく、ほとんど全員の生徒にシンバルの音が、そして、もしかしたらトライアングルの音が聴き取れると思います。少年期より親しんできたはずのシンバルとトライアングルの音なら、いわゆる誰もが聴き取れるという客観性もあります。なお、ティンパニについては低音でゴロゴロと鳴ってはいるのですが、シンバルやトライアングルのように容易に聴き取れるかどうか難しいところです。

「聴き取れた！」という発言が相次いでも、やはり、それをもう一度聴き、本当に聴こえていたのかどうかを確かめます。この辺りで、この曲の作曲者名と曲目を言えば良いと思います。曲名を告げるのは音楽を聴く前とは限りません。曲名、つまり言語から入る先入観は意外と音楽を素直に聴くうえでの支障となります。ともかく、音楽そのものから音楽を聴く。それだけです。

続いて、「同じ曲を別の指揮者（オーケストラは同じ）で演奏しているＣＤがあります。先ほどのものをＡ、これから聴くのをＢとして聴き比べてみましょう。特に、シンバルとトライアングルの音に注意して聴きましょう」としてＢの演奏を聴きます。

ところが「あれ？　先生が合図をしたところでシンバルとトライアングルが鳴っていないぞ？（ティンパニは鳴っています）」となります（そういう盤をあえて選んでおきます）。「おかしいですね。もう一度注意して聴いてみましょう。弱く鳴っているのかもしれません」として、もう一度聴くのは当然です。必要に応じて数回聴いても構いません。

ところが、やはり聴こえません。それがどうしてなのかについてはグループワークとして生徒同士話し合いをするのも一案だと思いますが、最終的には正しいことを先生が答えなければなりません。ここでＡとＢとで使用している楽譜が違うこと。つまり、一般的に知られている言い方としてＡをノヴァーク（オーストリアの音楽学者 1904 ～ 1991）という人が楽譜を編集（校訂）したノヴァーク版での演奏（例えば、オイゲン・ヨッフム指揮／シュターツカペレ・ドレスデン）、Ｂをやはり楽譜の編集（校訂）者の名前からハース（オーストリアの音楽学者 1886 ～ 1960）版での演奏（例えば、ヘルベルト・ブロムシュテット指揮／シュターツカペレ・ドレスデン）であると伝えることになります。

使用している楽譜によって奏でられる音楽が変わることを生徒は知るわけですが、どちらの楽譜を選ぶかについては指揮者の解釈（考え）によると、ここで伝えることもできます（ハース版には打楽器が記されていませんが指揮者の解釈によりティンパニのみ加えることがあります）。

それはそれとして、この後は重要です。「先生は、もうひとつ別のＣＤを用意しています。これをＣとして同じ場所を聴いてみましょう。次の演奏が、今知ったばかりのノヴァーク版なのかハース版なのか。注意して聴きましょう。聴くポイントは分かりますね？」としてシンバルとトライアングルの鳴っていない音源Ｃを聴きます。ただし、やはりティンパニは鳴っています。

すると、生徒はシンバルとトライアングルが聴こえるかどうかに注意を払いながら聴き、「シンバルとトライアングルが聴こえない！　だから、これはハース版だ！」と答えることになります。ですが、ここで先生は「これはノヴァーク版でした」と告げることになります。生徒にとっては「え！？」です。

実は、クラシック音楽愛好者の間では比較的よく知られている話だとは思うのですが、指揮者のなかにはノヴァーク版を用いながらも第２楽章のこの部分でのシンバルとトライアングルを省略する人がいます（エリアフ・インバル指揮／フランクフルト放送交響楽団）。反して、ハース版を用いながら、鳴らないはずのシンバルとトライアングルが鳴り響く音源もあります（ヘルベルト・フォン・カラヤン指揮／ベルリン・フィルハーモニー管弦楽団）。

これはまさに解釈です。指揮者は様々なことをふまえて熟慮し「こうする！」と決断するわけですが、このような決断、解釈が音楽表現の多様さをそのまま表わすことになります。

生徒達は、音楽表現には演奏者による解釈がとても大切な意味をなしていて、それが聴く者をハッとさせ、ときにその音楽に聴衆を引き込む要素を生み出すことを、ブルックナーの名曲『交響曲第７番』の第２楽章を聴きながら知りました。このように演奏というものに着目する学習にも意味があります。

彼の交響曲は中学校の教科書に載っていません。高等学校に進学した場合、音楽は美術や書道をと共に選択科目になるので、生徒自らが聴こうとするとは限らない名曲を聴いたということはとても意義のあることです。残念ながら、授業時間数や授業時間の関係で全曲を聴くことはままなりませんが、それでも、ここに述べてきたように彼の交響曲の一部を聴いたとするとノヴァーク版、ハース版をひっくるめて第２楽章の一部分を少なくとも５～６回は聴いていたことになります。表向きシンバルやトライアングルを聴いていたようでも、この曲のはかり知れない美しさの一端に生徒は複数回触れていたことになります。

このようなことは決して無意味ではないと信じたいものです。彼らが家路についてから、あるいは帰宅した後に、一人でも二人でもブルックナーの音楽の一部分を思い出してくれたら、もう一度聴きたいと思ってくれたら、もしくは他の楽章も聴きたい！　全曲聴いてみたい、と思ってくれたのなら嬉しいことです。

さて、演奏者による解釈があり、それによって演奏が大きく変わることが生徒にも理解できました。ここで、先ほどのベートーヴェンの第５番の聴き比べの登場です。

「今度は曲が変わります。ベートーヴェンの第５番の交響曲です。指揮者とオーケストラによる演奏の違いがあることはもう分かっていますね。では聴いて下さい」

仮に３種類あったとします。その場合には「まずはＡとＢ、次にＡとＣというように聴いていきましょう」として聴きます。ＡとＢとＣでは駄目です。１つずつステップアップが大切ですから、あくまでも１対１、つまりＡとＢ、ＡとＣのような組み合わせで聴きます（同様のことが『音楽鑑賞の指導法“再発見”』に記されています。同書　p.14　音楽鑑賞教育振興会)。

このようにブルックナーの交響曲を聴いてからベートーヴェンの交響曲の第５番の第１楽章の聴き比べを引き出すと、少なくともそれまでに20分程度は要するでしょう。現在の音楽科の授業時間数を考えると現実的ではないかもしれません。すでに述べたように、この例を実践事例のサンプルとして示しているわけではありません。

少々非現実的であることは承知のうえで、音楽の特徴、この場合には演奏表現上の特徴がどうして生じるのかを実際の音や音楽によって浮き彫りにするための一例として示しました。先生の解説や言葉で済ませるのなら、おそらく同じことが１分以内で済んだことでしょう。それでも言葉だけで済ませるのではなく、あくまでも音楽を通して音楽のことを伝えようとする試み。授業時間数の制約はありますが、我々は、〈音楽の何か〉を伝えることができるのはやはり音楽なのであって先生の言葉ではないということを、いつも忘れてはならないのだと思います。

第5章 音楽鑑賞指導の事例

ここに紹介する事例は、財団法人音楽鑑賞教育振興会（現在は公益財団法人音楽鑑賞振興財団）において、これまでに研究され、まとめられたものに一部内容の変更を加え筆者が再構成したものです（再構成と掲載に関しては、すべて許諾を頂いております）。

事例は、学習指導案としての体裁ではなく、指導の内容（指導のねらい）、教材を示し、続いて、学習活動を列挙する形で指導の流れを記していて、各事例における学習評価については、指導の内容やねらいに即して、適宜文章で解説しています。よって、特に評価規準としての記載はありません。

なお、第２章第３節他で紹介したとおり、音楽鑑賞振興財団からは『音楽鑑賞の指導法“再発見”—授業の進め方ワンポイント・アドバイス』という書籍が刊行されています。本書で扱っている事例も掲載されていますが、他にも多くの事例が詳細な解説入りで掲載されています。音楽鑑賞指導にご関心がある方にお薦めしておきます。

また、同様に第２章第３節で紹介しましたが、音楽鑑賞振興財団からは『音楽鑑賞の指導法—子どもの可能性を引き出す—』（渡邊學而著）も刊行されておりますので音楽鑑賞指導、そして音楽鑑賞にご関心のある方に合わせてお薦めしておきます。

小学校低学年　事例

『動物の謝肉祭』（サン＝サーンス）より『化石』を教材として、次のような指導をおこなうことができます。

○指導の内容の方向性

木琴の音色を聴き取る
楽曲全体の流れのなかで木琴の音色を聴き取る
木琴の音色や演奏の様子を感じ取る
音楽の速さの違いを感じ取る
速さの違いからもたらされる音楽の雰囲気の違いを感じ取る

○教材

『動物の謝肉祭』より『化石』（サン＝サーンス）→ 主教材
『トランペット吹きの子守り歌』（アンダソン）→ 関連教材

○指導の流れの一例

第1ステップ　木琴の音色を聴き取る

先生「これから音楽を２曲聴きます。木琴の活躍する音楽はどちらか。
　　よく聴きましょう。２曲のうちの最初の曲がＡです」

A『トランペット吹きの子守り歌』を冒頭より約 30 秒経過したあたりまでを聴く

先生「では次にＢです」

B『化石』を冒頭より約 20 秒間経過したあたりまでを聴く

聴き取るものを焦点化するために２曲を比較聴取するときは、できる限り両者の聴取時間を揃えると良いでしょう。どちらかが極端に長かったり、あるいは短いと、その聴取時間の長短に児童の関心が向いてしまうこともあるからです。

先生「木琴が活躍していたのはどちらですか。Aだと思った人は？」

予想できる児童の反応　→　いない

先生「ではBだと思った人は？」

ほぼ全員の手が挙がると思われます。この比較聴取のように木琴を聴き取らせたい場合、その比べる対象がトランペットだとすると、あまりに音色が異なっていて比べるまでもないと感じるのではないでしょうか。例えて言うならば「リンゴはどっちか？」と問い、比べる対象として「メザシ」を挙げたようなものです。

ただ、低学年の場合には比べる面白さ、楽しさもさることながら「こっちだ！」「絶対にこれだ！」という確信を持てることも、そのときその瞬間の楽しさそのものとも言えるでしょう。その意味でここではトランペットと木琴です。

さて、これが高学年となると話は変わり、「リンゴはどちら？」と児童に問い、その比べる対象が「メザシ」ではあまりに分かりやす過ぎる。せめて「リンゴ」と「グレープフルーツ」もしくは「梨」にしないと「どちらなのだろうか？」と、児童は真面目に考える気にもなれないのではないでしょうか。これは、財団法人音楽鑑賞振興会（現公益財団法人音楽鑑賞振興財団）における鑑賞教育に関する研究部会で耳にしたことですが、もっともな話です。

先生「曲名を言います。Aは『トランペット吹きの子守り歌』、Bは『化石』と言います」

曲名を告げるとしたらここだと思います。ただし、曲名の告げ方には注意が必要です。仮に化石そのものに話題が広まった場合、学習が別の方向に行きかねません。曲名を切っ掛けに学びが広まったととらえる考え方もあるかもしれませんが、音楽鑑賞指導で重要なのは、やはり聴こえくる音です。児童の耳に木琴の音が残っているうちに次の発問に進むことが肝心です。

第2ステップ　楽曲全体の流れのなかで木琴の音色を聴き取る

先生「では、B（化石）の音楽を全曲聴きます。木琴の音が聴こえたら、そこで手を挙げましょう」

『化石』を最初から最後まで通して聴く

先生「今度は、今、手を挙げた木琴のメロディのところをルルルで歌ってみましょう」

『化石』を最初から最後まで通して聴く

低学年においては、とても重要な活動だと言えます。身体反応と歌唱。音楽鑑賞指導であっても、これらは必ずと言って良いほど関わってきます。逆に、音楽を聴きながら体を動かすとか歌うとかの活動がない低学年の音楽鑑賞指導は、児童にとり、あるいは先生にとっても何処か息苦しい活動になりかねません。

最初の「木琴が聴こえたら手を挙げる」ですが、楽曲の途中からは結構途切れ途切れに木琴が鳴ったり、連続して鳴ったりで児童は結構スリルを味わいながら手を挙げることでしょう。もちろん、とてもよく音楽を聴いているからできるのです。後半の「ルルル」で歌うところでは、実際に自分も演奏をするわけですから、歌うことで木琴を疑似演奏しているような気持ちにでもなれば、それ以上望むものはありません。

さて、ここで先生のすることがあります。それはもちろん、児童と共に彼らを先導しながら身体反応や歌唱をおこなうことですが、もうひとつ、児童の様子をよく観察することです。述べたように児童は身体反応をしていますので、その反応をよく観察します。よく学習指導案の学習評価欄に見かける「観察」の２文字ですが、低学年の場合には特に、反応すべきものに反応しているかどうかが重要になり、この事例の場合には、それは当然、木琴の鳴っている箇所での反応です。

これが確認できれば、低学年における学習評価のひとつのあり方となります。

この〈手を挙げる〉の他にも児童の表情、思わず発した言葉等、先生が目を向けるべき反応はまだまだあると思います。

第3ステップ　木琴の音色や演奏の様子を感じ取る

先生「今度は、皆さんの前に透明な木琴とバチを用意しました。さあ、そのバチを手に持って木琴の音が鳴っているところで弾く真似をしながら聴きましょう。

『化石』を最初から最後まで通して聴く

これも重要な活動です。そして、この学習の山場です。手を挙げる（木琴の鳴っている場所が分かる)、歌う（どのようなメロディかが分かる）というステップを経てきたからこそ可能な活動でもあります。

ここで児童は木琴を打つ真似をしながら、聴こえてくるその木琴の音の鳴り方による音楽の微妙な変化をとらえて打つ真似を少し変えたり、体の動きを音楽の抑揚や流れに合わせたりするのであるなら、このステップに掲げた「木琴の音色や演奏の様子を感じ取る」ことができている可能性が大きいと言えます。もちろん、児童が望むなら幾度か繰り返しても良いのではないでしょうか。

第4ステップ　音楽の速さの違いを感じ取る

先生「皆さん、とても上手に木琴が演奏できるようになりました。それでは、先生は別の演奏家のＣＤも持って来ていますので、そのＣＤに替えて同じように木琴を演奏してみましょうか。今度のはどんな演奏かな？」

『化石』（速い演奏）を聴く

これはオプションというか、是非、ここまでおこなうという活動ではありません。事例としては、この前の第３ステップまでで完結していると言えるからです。木琴の音色を焦点とする限り、これで十分です。

ただ、この第４のステップを加えると、これまでに押さえてきた木琴の音色が聴き取れていることが前提となって、さらに音楽の速さの変化による楽曲の印象の違いを感じ取るような活動が展開できます。

さて、速い『化石』です。どの程度速い演奏を用意できるかどうかにかかっていますが、ここまでに聴いてきた音源よりもとても速く感じる音源であるなら良いと思います。逆を言えば、最初に流す『化石』はできるだけ遅めのほうが良いということにもなります。

ここでは、それを聴いたときの児童の反応は要チェックです。皆で奇声のようなものを挙げ、笑っているうちに音楽が終わってしまった、というような状況であるなら、これはチャンスです（必ずと言って良いほど、このようになります）。

これが、速度を上げて音楽を演奏する際のエネルギーやスリルなのだと理屈抜きで教えることができます。

ただし、まずは、低学年であっても「どうしてできなくなっちゃったの？」と訊ねてみなければ話が始まりません。そこで「だって、ピューッとすっ飛ばして行った！」とか、「ロケットのように速かった」等、色々な感想が児童の口をついて出ることでしょう。「速かった！」ということを彼らなりの語彙で精いっぱい表現することと思いますし、こんなとき、案外、絶妙な表現をする児童がいるものです。

そこで、「でもゆっくりな演奏のＣＤでは演奏ができたね」であるとか、「もう一度、ゆっくりな演奏を聴いてみようか」あるいは、「ゆっくりな演奏をもう一度聴いて弾く真似をしてから、もう一度挑戦しようか」という児童への先生の投げかけが大切になってきます。速い音楽のもっているエネルギーは、やはりそれを体感することと、ゆっくりとした音楽との比較を通して感じ取ることが不可欠ですから、これらを実感できるように誘導することが重要なのです。

何度か挑戦しながら、それでも「うわあ！　だめだ！　どうしてもついていけない」と児童が叫んだなら「同じ音楽でも速さが違うと演奏するときのエネルギーが違ってくるね」というような、さりげない助言をする。これで良いのだと思います。

最後は、ゆっくり目の演奏と速い演奏とを身体反応をしないで（我慢して）聴くことも重要です。体のなかにはその動きや反応したいものがまだ残っていますので、自分は動かないものの、体のなかに自らを突き動かそうとするものがあることを感じ取りながら聴いてみるのも学習です。先生は、このときの児童の様子（身体反応はしなくとも体は自然と動いてしまう）も必ず注意深く観察して下さい。その様子から、指導の内容の方向性として最後に挙げた「速さの違いからもたらされる音楽の雰囲気の違いを感じ取る」ことが見取れるかもしれません。

小学校高学年（中学校）　事例

『トルコ行進曲』を教材として、以下のような指導をおこなうことができます。

○指導の内容の方向性

トルコ行進曲の基本リズムを知る
トルコ行進曲に使われている打楽器を聴き取る
トルコ行進曲（ピアノ・ソナタ版）を知る
ピアノで表わそうとした打楽器の音を感じ取る
楽曲の雰囲気やよさを感じ取る

○教材

『ピアノ・ソナタ　K.331（トルコ行進曲付き）』（モーツァルト）より
　第３楽章 → 主教材
『タイスの瞑想曲』（マスネ）→ 関連教材Ａ
『トルコ行進曲』（ベートーヴェン）→ 関連教材Ｂ

○指導の流れの一例

第1ステップ　トルコ行進曲の基本リズムを知る

基本リズム

このリズムを板書するなどして提示し、リズム打ちをおこなう。
繰り返し練習して全員がこのリズム打ちをできるようにする。

先生「では、これから音楽を２曲聴きます。今練習したこのリズムが合うと思うのはどちらの曲か、よく聴いてください。最初の曲をＡとします」

A『タイスの瞑想曲』の冒頭より約 30 秒経過したあたりまでを聴く
B『トルコ行進曲』の冒頭より約 30 秒経過したあたりまでを聴く

このように「どちらの曲にこのリズムが合うか？」と問う場合には、一方の楽曲に「これだ！」となるわけですが、他方については、この事例では特に「これは違う。絶対に違う！」と一瞬で分かるものを挙げています。

『化石』において、低学年では例えば「りんごはどちらか？」と問う際に「メザシ」を比べる対象として提示する。高学年になったら比べる対象として、せめて「グレープフルーツ」、できたら「梨」を提示すると解説しましたので、ここでの低学年流の比較に少し矛盾を感じるのではないでしょうか。まるで黒か白かの対比のようです。

この事例で「絶対に違う！」というものを挙げたのは、ここでの課題が「どちらの曲にこのリズムが合うか？」であって、これはつまり、「聴きながらこのリズムが打てるのはどちらか？」になるからです。要するに「これは違う！」と直感できる楽曲でないと「打ち辛いけれど聴きながら何とかリズムが打ててしまった。だから両方に合う」なんていうことにもなりかねないのです。よって、『タイスの瞑想曲』と比べるのです。

『タイスの瞑想曲』を聴く時間ですが、『トルコ行進曲』は約30秒を過ぎたあたりで聴き終えますので、『タイスの瞑想曲』もこれに揃えて、約30秒あたりのフレーズの切れ目の良い場所までで良いと思います。

なお、このように楽曲を途中で止める場合ですが、機器のボリュームを徐々に下げて、音楽が自然に消えたかのように児童生徒が感じるように配慮して下さい。間違っても、機器にリモコンを向けて音楽の途中でブチッと切らないで下さい。

加えて、『タイスの瞑想曲』を聴いた後に先生が何か発話するなら、その音楽の余韻に合った口調が相応しいですし、『トルコ行進曲』をフェードアウトした後も、その曲想に相応しい声の大きさ、語気があるはずです。音楽鑑賞指導は音や音楽が全てですから、それを取り巻くものとしての環境や先生の語調、そしてときにはしぐさのようなものまでも関わると言えます。

先生「このリズムが合うのはどちらですか？　Aだと思う人は？」

予想できる児童の反応　→　いない

先生「ではBの人」

ほぼ全員、あるいは全員がこちらだと答えるでしょう。

先生「では、AとBを、もう一度聴きますから、先ほどのリズムを聴きながら打ってみましょう」

A『タイスの瞑想曲』の冒頭より約 30 秒経過したあたりまでを聴く
B『トルコ行進曲』の冒頭より約 30 秒経過したあたりまでを聴く

音楽を聴きながらリズム打ちをしてみるのが何よりの説得力になります。低学年では、この何らかの身体表現が不可欠ですが、高学年でも、あるいは中学生でも身体表現や動作を交えたほうが音楽の特徴や要素を聴き取るのに有効であることが少なくありません。「音楽の授業では身体表現が伴うもの」と早いうちに児童生徒が納得してくれたら良いのですが。

いずれにしても、先生はここで音楽に合わせて全員がトルコ行進曲の基本リズムが叩けているかどうか観察する必要があります。学力として見取るというほど大袈裟ではありませんが、次のステップアップに欠かせないポイントが掴めているかどうかの確認です。

トルコ行進曲では約１分を過ぎたあたりで曲想が変わります。そこからはリズム打ちがし辛いと感じると思いますので、うっかりと 30 秒を過ぎてしまった場合には、その前で音をフェードアウトします。

この聴きながらリズム打ちをすることのもう一つの意味ですが、次のステップでリズムを打っている場所の打楽器を聴き取る活動があります。聴きながらリズムを打つ経験があるからこそ、打楽器の鳴っている場所を探りやすくすることができるわけです。

先生「皆さんが言う通りです。Bはリズムを打つことができましたね。２曲の曲名を言います。Aは『タイスの瞑想曲』、マスネという人が作曲しました。Bは『トルコ行進曲』でベートーヴェンという人が作曲しました。皆さんが打ったリズムはトルコ行進曲の基本リズムだったのです」

第2ステップ 『トルコ行進曲』に使われている打楽器を聴き取る

先生「それでは『トルコ行進曲』もう一度聴きます。やはり、聴きながらリズム打ちをしましょう。そして、リズムを打っているときに聴こえてくる楽器の音に注意してみましょう」

B『トルコ行進曲』の冒頭より約１分30秒経過したあたりまでを聴く。

先に述べたように約１分を過ぎた辺りで曲想が変わりますので、その部分だけ「指揮をします」と指示をして先生のリードで全員指揮をするのも一案です（つまり、ここではリズム打ちはしないわけです）。すぐにまたリズム打ちができる曲想に戻りますので、そこでまた「リズム打ちますー」と指示をすれば活動としてのメリハリもつくのではないでしょうか。

先生「手を打っていたときに聴こえてきた楽器は何でしたか？」

児童「シンバル」「太鼓？」

先生「では、これらの楽器が聴こえてくるかどうか。もう一度聴いてみましょう」

これは意外と大切です。この一回をとらないことも考えられますが、音として聴き取っていくことが重要ですから、やはりもう一度聴いて「何が鳴っているんだろう？」の意識ではなく「シンバルは聴こえるかな？太鼓は聴こえるかな？」というような、具体的な意識を喚起するような活動に変えて、鳴っている音を確かめることを薦めます。

ここでも先生のすべきことがあります。それは、先生も児童生徒の座っている所に移動してみることです。先生の居る場所と児童生徒の座っている場所とではスピーカーから聴こえてくる音が微妙に違うか、全く違うこともあるからです。もし、思うような音でなかったら、つまり、この場合には特に、シンバルや大太鼓が聴き辛い音や音色であったなら即座にアンプを調整してみましょう。極端な言い方をすれば、シンバルや太鼓の音も十分に聴こえないのにそのまま聴き続けることは無意味になります。

先生「シンバル、太鼓の音が聴こえてきましたか？」

児童「聴こえました」

先生「“トルコ”というのは国の名前です。ベートーヴェンや、その少し前のモーツァルトの時代には、このトルコ風の音楽や建物がはやりました。トルコの行進の音楽にはシンバルや太鼓などのにぎやかな音の楽器でリズムの伴奏が入るのです」

第３ステップ　『トルコ行進曲』（ピアノ・ソナタ版）を知る

先生「では次に、そのモーツァルトのトルコ行進曲を聴きます。今聴いたベートーヴェンのものと何が違うでしょうか。それをよく聴いてください」

『ピアノ・ソナタ K.331』第３楽章の冒頭より第 32 小節あたり（譜例 1）までを聴く

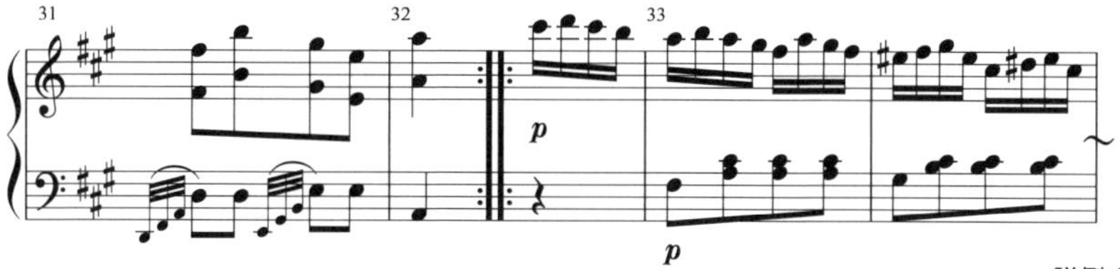

譜例1

先生「ベートーヴェンのトルコ行進曲と違う点は何ですか」

児童「このトルコ行進曲はピアノで演奏されています」

指導の進め方として「次にピアノで演奏しているトルコ行進曲を聴きます。その音の違いをよく聴いて下さい」とすることも可能です。ただ、このように進めると「違いは何だろう？」という意識ではなく「ピアノのトルコ行進曲はどんなだろう？」という意識を児童生徒にもたらします。

この「何だろう？」と「どんなだろう？」の違いは思いのほか大きいものです。やはり、前者のほうが集中度を必要としますので、より能動的な聴き方になるはずです。その意味でお薦めするのは「ピアノのトルコ行進曲だ！」と児童生徒が聴き取る方法です。ピアノの音は児童生徒にとり一番耳に馴染んでいて聴き取りやすいということも重要です。これが仮にチェンバロで演奏されているトルコ行進曲であるなら話は大きく変わってきます。

先生「皆さんの言う通り、ピアノで演奏されていました」

第4ステップ　ピアノで表わそうとした打楽器の音を感じ取る

先生「では、どうして楽器が入っていないのにトルコ行進曲なのでしょうか？　もう一度聴きますが、もし、ベートーヴェンのトルコ行進曲のようにシンバルや太鼓をこのピアノのトルコ行進曲に入れるとしたら、皆さんはどこに入れますか？　それを考えながら聴きましょう」

『ピアノ・ソナタ K.331』第３楽章の冒頭より第 32 小節あたり（譜例 1）までを聴く

　モーツァルトはこの曲の途中（譜例２の第 25 小節）からのベース音に打楽器類の音の響きを想定していると言われています。児童生徒はそれに気付いて、そこに授業冒頭に練習した基本リズムでシンバル、太鼓を入れることを思いつくことが理想ですが、それはこちらが勝手に描いた理想です。児童生徒の発想を尊重すべきでしょう。
　ただし、この曲では冒頭よりトルコ行進曲の基本リズムを入れることができるので、最低限、これに気付いた発想であって欲しいと思います。

先生「では、グループになって考えを出し合い、どのように打楽器を入れるのか決めて発表しましょう」

『ピアノ・ソナタ K.331』第３楽章の冒頭より第 32 小節あたり（譜例 1）までを聴く

グループごとに発表

　ここでの発表は実際に打楽器を入れて音楽に合わせて演奏するわけです。色々な着想があって良いとは思いますが、やはり、譜例２として示した第 25 小節からのベース音は大切であると気付いて欲しいと思います。ここに基本リズムが入るのだ、と気付くことが、ここまでの学習で習得していること、すなわち、トルコ行進曲の基本リズムが叩ける／ピアノで弾くトルコ行進曲があると知る／ピアノのトルコ行進曲でも基本リズムが叩ける、これらのことを確かな脈絡として先生側から見取れることにもなるからです。

譜例 2

先生「では、もう一度、楽器の演奏を入れないでトルコ行進曲を聴いてみますが、モーツァルトはピアノの音で打楽器の音の響きを表そうとした部分があります。ここだ！　と思ったところでサインを下さい」☆

『ピアノ・ソナタ K.331』第3楽章の冒頭より第 32 小節あたり（譜例 1）までを聴く

ここまでの段階で、第 25 小節からのベースリズムを狙ってシンバルや太鼓を入れたグループがあれば、ここでのこの聴取は「ピアノの音から打楽器の音の響きが感じ取れるのかどうか」が焦点になります。

もし、ベースリズムの音から特に打楽器の音の響きを連想したグループがなかったなら、先に記した通りの発問（☆印）になります。

いずれにしても、第 25 小節からのベースリズムにおける装飾音符によるアルペッジオが打楽器の音の響きを表していると児童生徒が感じ取る必要があります。

ですから結果的に、モーツァルトのトルコ行進曲では音源の選び方が重要になってくるわけです。先生としては、できれば幾人かの演奏家で聴き比べて、児童生徒が打楽器の音を感じ取りやすいものを選んでおく必要があると思います。

先生「モーツァルトが打楽器の音の響きを工夫しているところに来たら、先の基本リズムを打ってみましょう」☆の発問に対応

『ピアノ・ソナタ K.331』第３楽章の冒頭より第 32 小節あたり（譜例 1）までを聴く

第５ステップ　楽曲の雰囲気やよさを感じ取る

先生「では今度はこの曲を最初から最後まで聴いてみましょう。こういうところが好きだな。こういうところが、もっとこうだったら良いかも。このようなことを考えながら聴きましょう。聴いた後で発表して下さい」

『ピアノ・ソナタ K.331』第３楽章を最初から最後まで通して聴く

高学年（中学生）ですから聴いた後に、楽曲を聴いて想像したことや感じ取ったことを言葉で表すなど（小学校）、言葉で説明するなど（中学校１年生）、根拠をもって批評するなど（中学校２・３年生）の言語活動を取り入れてもよいと思います。

この最後の聴取で第 33 小節以降を初めて聴くことになりますが、ご存知の通り途中で曲想が変わります。しかし、そこでの曲想の変化はこの学習では焦点にしていませんでした。それでもこの点に児童生徒が言及していたり、その前後の基本リズムが活かせる部分の曲想と対比させて自分なりの曲想の感じ取り方が述べられているのなら、児童生徒は無意識でしょうが、それは楽曲の構成にも関わる感想になります。したがって、それはそれで尊重してあげたいものです。

後に「協奏曲」の事例のところでもまた触れますが、この言語活動では自分が音楽から感じ取ったことをその音楽の特徴に理由を見つけて自分なりの言葉で説明することがとても大切です。ですから、その説明をできるだけ頻繁に児童生徒に経験させることで良いと思います。

義務教育最終段階の中学校２・３年生での言語活動は、いわゆる「根拠をもって批評する」という次元になります。こうなると、自分が音楽から感じ取ったことを論理的、かつ端的に他者に説明できる力を生徒の身に付けさせることが不可欠となりますので、小学校でも中学年、高学年の頃から、音楽から感じ取ったことを伝えるための自分の言葉を見つけたり、言葉を増やしたり、相手に伝わりやすい話の脈絡を考える活動として音楽鑑賞指導の言語活動をとらえていくと良いのではないでしょうか。その積み重ねこそが根拠をもって批評できることに結びついていくと考えるからです。

ただし、忘れてはならないのは、言語活動は常に音楽と重ね合わせなくてはならないということです。言語活動の前にも音楽を繰り返し聴くことはもちろんですが、言語活動の途中や、それを終えたときも音楽を忘れないということです。例えば、誰かからある感じ取り方が論理的に示されたとして、その部分をもう一度皆で聴いてみることも意味のあることです。これは音楽を通して他者の感じ取り方とその説明に触れることにほかなりません。その感じ取り方に賛同できるかどうかが重要なのではなく、自分には思い及ばなかったような音楽の感じ取り方に出会ったり、人それぞれの説明の仕方から次の言葉での説明に生かせる何かを学んだりすることが重要なのです。

（小学校高学年）中学校　事例

『ローマの松』（レスピーギ）より『アッピア街道の松』を教材として、以下のような指導をおこなうことができます。

○指導の内容の方向性

クレシェンドによる演奏の効果を知る
微弱な音が表わす距離感を感じ取る
一貫するクレシェンドによる情景描写を感じ取る
楽曲の雰囲気やよさを味わう

○教材

『アッピア街道の松』（レスピーギ）→ 主教材
『星条旗よ、永遠なれ』（スーザ）→ 関連教材

○指導の流れの一例

第1ステップ　何かが近付いてくる様子を表わしている音楽であることを感じ取る

先生「今日のキーワードは行進です。これから音楽を２曲聴きます。遠くからこちらに行進してくる様子を表している音楽はどちらでしょうか。１曲目をA、２曲目をBとします」

「この学習のキーワードは行進」と最初に明言してしまうのは最初の聴き取りの課題を「行進しながら近付いてくる様子を表している音楽はどちらか？」に焦点化するためです。児童生徒はもちろん、近付いてくる様子を表している音楽がどのようなものかを知りません。ですから、この焦点化により「近付いてくる様子を表している音楽とは一体どのようなものなのか？」というような思いで児童生徒は音楽を聴くことになり、これが重要です。

授業の最初に「行進曲とは？」というようなステップを設けて、行進曲の特徴を音楽から感じ取る学習を経ることも考えられなくもありませんが、音楽鑑賞指導ではときに、このようにダイレクトに、かつピンポイントに聴かせたいものに迫ってしまうことも大切です。

また「近付いてくる」を「迫ってくる」とした場合、物理的な距離感ではなく心理的な距離感のようなものも関わってきますので言葉の使い方は気を付けなくてはなりません。

A『星条旗よ､永遠なれ』の冒頭～１分間位経過したあたりまでと､B『アッピア街道の松』の２分数秒位の場所から３分位の場所まで（リッカルド・ムーティ指揮／フィラデルフィア管弦楽団のもの）を聴き、どちらが近付いて来る様子を表わしているのかを聴き取る

ここでの『アッピア街道の松』は、あえて２分数秒を経たあたり（スコアの第 33 小節目付近）から 55 秒間位（スコアの第 47 小節目付近）の間を聴きます。「弱い音が段々強くなってくる（クレシェンドしている)」と児童生徒が聴き取れれば良いのであって、微弱音が特徴的なこの曲の冒頭部分を聴く必要はありません。

というよりも、ここでは、クレシェンドが聴き取りやすい場所が良いのであって、その意味では弱い音とその後のクレシェンドが誰にも聴き取れるこの約 55 秒間位が最適だと考えます。このように楽曲の一部分を抜き出して聴くことも必要に応じておこなうと効果的です。

先生「近付いてくる様子を表していると感じたのはどちらですか？　Aだと思う人は？」

予想できる生徒の反応　→　いない

先生「ではBだと思う人は？」

予想できる生徒の反応　→　全員がこちらであると反応する

先生「ではＢだと思う理由を言ってください」

生徒「（例えば）弱い音から段々強い音になってくるので、遠くから行進が近付いてくると感じました」

ほぼ全員が同じ感じ取り方をすると思われます。ここで先生が「音はそれを徐々に強めることにより遠くから何かが近付いてくると感じさせることもできる」と児童生徒に説明することも考えられます。

ただ、この『アッピア街道の松』の場合には基本になるティンパニのリズム（行進の足踏みの様子を表していると思われる）が終始変わることがないので、そのシンプルさゆえに、そこに鳴り響くその音に徐々にクレシェンドをかけていることが比較的容易に知覚できると思われます。さらには、行進ということは分かって聴いていますので、何かが近付いてくる様子を表しているということも感じ取りやすいのではないでしょうか。

よって、先生の説明はここでは必ずしも必要ないと思います。それよりもまず、児童生徒に「どうしてＢだと思ったの？」と問いかけ、「（Ｂ）の弱い音からのクレシェンドを聴いていると何かが行進しながらこちらに近づいてくる様子が目に浮かんだ」であるとか「リズム（ティンパニの刻み）は同じなので行進している様子がすぐに感じられた。それが少しずつ強くなると、行進が少しずつ、こちらに近付いてくるように感じた」等の感じ取り方を汲み取るのが先です。そして、その児童生徒の発言を基に、「音は、それを徐々に強めることにより遠くから何かが近付いてくる様子を表すことができる」と説明しても全くおかしくありません。

以上をもって、最初の近付いてくる様子を表わしている楽曲があることを感じ取るというステップの完了です。全員がクレシェンドを知覚し、何かが近づいてくるぞ！　という雰囲気を感受していて、先生はそれを見取っていることにもなります。

先生「曲名を言います。Ａは『星条旗よ、永遠なれ』という曲で、スーザという人が作曲しました。Ｂが『アッピア街道の松』という曲でレスピーギという人が作曲しました。レスピーギがローマのアッピア街道を遠くから兵士が行進してくる様子を表したと言っています。皆さんが感じ取ってくれた通りです」

ここで告げる内容はこれで十分だと思います。「『アッピア街道の松』はローマ３部作のうちの『ローマの松』の終曲である」など、生徒に解説したくなりますが、考えてみると、ここでその情報は全く必要がありません。そればかりか、それを語ることにより授業の流れというか、リズムが狂ってしまいかねないのです。

小学生中学生共に曲名と作曲者名を伝え、付け加えるとしたら作曲者の生まれた国、生年、没年でしょうか。いわゆる、いつ頃、どこで作られた楽曲かということです。

第２ステップ　遠くから近付いてくる距離感を楽曲から感じ取る

先生「もう一度、Ｂのほう、『アッピア街道の松』を聴きます。実は、先ほどは曲の最初から聴いていませんでした。途中から聴いていたのです。今度は最初から聴きますので、行進はどの位遠くから近付いてくるのかという点に注意してよく聴きましょう」

ここでは選択肢が有効です。例えば、

1．足音らしきものは聴こえるけれど兵士が見えないくらい遠く
2．兵士だとは分かるけれどその顔までは分からないところ
3．兵士の顔が分かるところ

あるいは、特に小学生であるなら人の絵をピクトグラムのように示し、その大きさが実感できるような３例を示すこともできるでしょう。いずれ

にしても、1．姿かたちも分からない遠く　2．姿は確認できるが顔は分からない　3．顔が分かる　というような距離感が一目で分かるもので良いと思います。

『アッピア街道の松』の冒頭より約2分間経過したあたりまでを聴く
（音量を絞ってから一旦停止しておくと次の指導に便利です）

先生「1、2、3のどれだと感じましたか？」

生徒の反応ですが、1が圧倒的、もしくは全員だと思われます。やはり、「どうして1だと感じたのか」と児童生徒に発問することは重要です。彼らから「予想をはるかに超えた弱い音だった」とか「あそこまで弱い音とは思わなかった」「あの音では、やはり兵士の姿かたちは見えていなくて足音だけが聴こえてくるような様子なのではないか」というような感じ取り方が出てくることを期待したいものです。

このことが、音楽をあるがままに聴いての生徒の感受を見取ることにもなるからです。

その意味においても、「こんなに弱い音では聴こえないのでは？」と案じて最初の音量を強めにする必要はありません。仮に、児童生徒が鳴っている音に気付かないでざわついているようなら一旦音楽を止めて「もう鳴っているんだよ」と、ソッと告げることも良いと思います。

第3ステップ　楽曲全体の様子や情景を感じ取る

先生「皆さんも気付いている通り、今音楽の途中までで音量を絞りました。さて、この先音楽はどのようになるのでしょうか。想像して下さい。最後まで聴きます。このあと行進はどうなるのか。この点に注意してよく聴いてください」

ここでも選択肢は有効だと思います。例えば、

1．近付いてきた兵士の行進が目の前を通り過ぎて行き、そのままどんどん遠くなっていった。
2．兵士の行進はそのままどんどん近付いてきて目の前にやって来た。

あるいは、やはり象徴的な図や絵でその様子を表すことも特に小学生では必要になるかもしれません。

『アッピア街道の松』の冒頭より約2分間経過したあたりから最後までを聴く（一旦停止を解除してから徐々に音量を上げていきます）

先生「1と2のどちらでしたか？」

生徒の反応ですが、2が圧倒的、もしくは全員だと思われます。やはり「どうして2だと感じたのか」と児童生徒に発問することは重要です。彼らから「どんどん近付いてきて、遠く去って行ったなんて考えられない」とか「とても近くに行進してきていて、それは兵士の息遣いが聞えてきそうなくらい近く」、もしくは「近付いてきて私達の目の前に整列したようだ」のような感じ取り方が出てくることも期待したいものです。

それとここでは、兵士の数について「大勢」「何百人」というような感じ取り方が出てくることも十分予想できます。児童生徒はその強大な音量から距離感と共に兵士の行進のもつエネルギーをその数の多さとして感じ取るかもしれないからです。

いずれにしても、この音楽のもつ大きな特徴のままに生徒が感受したことは何なのか。それをここでは見取る必要があります。

先に『アッピア街道の松』の音源としてムーティ指揮／フィラデルフィア管弦楽団のものと記しましたが、ここまでに述べてきた距離感、行進のもつエネルギー、行進する兵士の数の多さなどの情景を感じ取るという意味で、私なりにこの盤が良いと判断しました。

ただし、誤解の無いように申し添えますが、このムーティ盤以外のものは「良くないもの」としているのではありません。あくまでも「近付いてくる様子を感じ取る」という指導の方向性を考えたときに、それにフィットする音源がムーティ盤であるということになります。個人的にはムーティ盤以外にも様々な指揮者やオーケストラの盤を所持していますが、そのどれもがそれぞれの良さや味わいがあり、私は好きです。

第4ステップ　楽曲の雰囲気やよさを感じ取る

先生「皆さん、この曲では姿かたちも見えないほどに遠くから兵士の行進が近付いてきて、それがやがて、目の前にまで近付いてきたというような様子を感じ取ったようですね。では、この曲を最初から最後まで聴きます。この曲の好きなところは、どのようなところなのか。あるいは、好きになれないとしたら、それはどういうところなのか。その理由を聴いた音楽のなかから見つけて作文をしてみましょう」

『アッピア街道の松』の最初から最後までを通して聴く

最後の全曲鑑賞の後は第４章第４節の最後でも述べたとおり、音楽を聴いて想像したこと、感じ取ったこと、思ったことを表したり、整理するための１つの方法としての言語活動になります。その要点は次の「協奏曲」の事例で説明していますので、そちらをご覧下さい。ここでは指導の流れのなかでの発問の重要性について解説しておきたいと思います。

指導の流れを改めてご覧になると分かるのですが、指導は楽曲のその一部分を繰り返し聴いたり、全曲を聴いたりしながら進められ、先生の発話の機会はとても限られています。ところが、先生はその都度大変に意味のある発話をしていて、それが音楽の聴き方、あるいは聴くポイントの指示をおこなう発問でした。

ということは、児童生徒に発問を告げる段階では聴くべきことが明確に絞り込めていることが必須となるわけです。よって先生は、その楽曲のある部分を聴く必然性を見抜いていて、それを児童生徒が聴き取ることによって、初めて次のステップに進むことができるのだという確信ももっていますし、当然、授業の最終ステップで、このような学力が児童生徒の身に付くという確信もしっかりと持ち合わせています。

このように授業の次の段階やその最終ステップまでを見据えたうえで、今まさに聴こうとしている音楽の聴きどころを端的に告げる〈発問〉は授業の成否を決定付けるような重大な意味を自ずと持っていることになります。ですから、それを児童生徒に告げる際は細心の注意を払いたいものです。

言わなくても良いことをうっかりと言ってしまわないように。言わなくてはならないことを言い忘れないように。これらにはいつも注意を払わねばなりませんが、あたかも台本を読むような発問でも困ります。発問を告げるときの先生の表情や口調、語調、そして間なども、とても重要だからです。

中学校　事例

『アランフェス協奏曲』（ロドリーゴ）の第３楽章を教材として、以下のような指導をおこなうことができます。

○指導の内容の方向性

協奏曲の演奏形態（管弦楽と独奏楽器）を知る
色々な協奏曲があることを知る
協奏曲の演奏上の特徴を聴き取る
協奏曲ならではの雰囲気やよさを感じ取り、楽曲を聴き味わう

○教材
『アランフェス協奏曲』（ロドリーゴ）より第３楽章 → 主教材
『交響曲第５番』（ベートーヴェン）より第１楽章 → 関連教材Ａ
『ヴァイオリン協奏曲』（メンデルスゾーン）より第１楽章 → 関連教材Ｂ
『ピアノ協奏曲第１番』（チャイコフスキー）より第１楽章 → 関連教材Ｃ

○指導の流れの一例

第1ステップ　交響曲と協奏曲の違いを聴き分ける

先生「今から２曲の管弦楽曲を聴きます。まず１曲目をＡとしましょう。
どんな楽器の音が聴こえてくるかに注意して聴いてみましょう」

『交響曲第５番』第１楽章の冒頭より第２主題が奏でられる直前のホルンの音が聴こえるあたり（スコアの第 59 小節目付近）までを聴く

楽器の音に注意して聴くというのがポイントであり、聴き終わった後に様々な楽器名が生徒から出てくることが望ましいと言えます。
その意味で、あえてホルンが奏でられるところまで聴いて「ホルン（あるいはラッパというような答え方でもＯＫ）が聴こえた」という生徒の発

言も期待しています。

先生「聴こえた楽器の名前を言ってください」

予想できる生徒の発言「ヴァイオリン、ホルン、ティンパニ、クラリネット……」

多くの楽器名が挙がることが望ましいわけですが、ここでヴァイオリンが挙がっていることがとても重要です（後述☆印）。

先生「この曲は、交響曲第５番の第１楽章。ベートーヴェンが作曲したもので、その始まりの部分を聴きました。それでは、もう一度聴いて、今挙がった楽器が聴こえるかどうかに注意してみましょう」

『交響曲第5番』第1楽章の冒頭から第2主題が奏でられる直前のホルンの音が聴こえるあたり（スコアの第59小節目付近）までを聴く

「楽器の音を聴き取る」という課題ですので、ここで聴く音源は、なるべくゆっくりとした速度で演奏されているものをお薦めします。流れる音楽の速度がゆったりしていると生徒も精神的にゆとりをもって聴くことができます。

それ以前に、楽器の音色が聴き取りやすい音源であることは必要不可欠です。例えば、カール・ベーム指揮／ウィーン・フィルハーモニー管弦楽団の演奏がお薦めです。

先生「挙げられていた楽器が聴こえてきました。では、もう１曲の管弦楽曲を聴きましょう。この曲をBとします。やはり、どんな楽器の音が聴こえてくるかに注意して聴きましょう」

『ヴァイオリン協奏曲』第1楽章の冒頭より全体の音量が増すまでの約40秒間を聴く

先生「同じように、聴こえた楽器の名前を言ってください」

予想できる生徒の発言「ヴァイオリン」

ヴァイオリンしか挙がらないと思われます。

☆2曲ともに管弦楽曲を聴いているのに、Aは色々な楽器が聴こえて、Bではどうしてヴァイオリンだけしか挙がらないのか。

☆あるいは、AもBもヴァイオリンが挙がっていることになるが、どうしてBではヴァイオリンだけが聴こえてくるのか。

これらが「協奏曲」という演奏形態を導き出すための疑問符となっています。

次にパターン1、2を示しました。どちらでも良いのですが、ここで視覚的に確認する必然性をもたらすことが重要です。「見なければ分からない」これが映像や写真を教材とするときの根拠となります。

パターン1

先生「教科書を開いてみましょう／写真を見てください」

ヴァイオリン協奏曲の演奏の様子を表した写真を生徒に見せる。

パターン2

先生「映像を見てみましょう」

『ヴァイオリン協奏曲』第1楽章の映像を生徒に見せる。

先生「このような演奏形態（管弦楽と独奏楽器）によるものを一般的に協奏曲と呼びます。曲名は協奏曲の前に独奏楽器の名前を付けるので、この曲はヴァイオリン協奏曲と言います。今聴いた曲は、メンデルスゾーンが作曲したヴァイオリン協奏曲の第１楽章で、その初めの部分を聴きました」

独奏楽器＋協奏曲＝ヴァイオリン協奏曲。これが流れてくる音楽と音の特徴、そして映像の確認を通して押さえられたことになります。この曲名の原則は次のステップのために重要になります。

第２ステップ　いろいろな協奏曲があることを知る

先生「では、また別の曲、Ｃを聴きます。この曲も協奏曲です。聴こえてくる音に注意して「何協奏曲」であるか、聴いた後に答えてください」

『ピアノ協奏曲第１番』第１楽章の冒頭より約１分間経過したあたりまでを聴く

先生「今聴いた曲は何協奏曲ですか」

予想できる生徒の発言「ピアノ協奏曲です」

先生「それはどうしてですか？」

期待する生徒の発言「独奏楽器がピアノだからです」

ここでのやり取りには重要な点が３つあります。

1．先生「次も協奏曲で独奏楽器はピアノです。そうなると、協奏曲の名前はどのようになるのですか？　（生徒の答えを受けて）そうです。ピアノ協奏曲です。では、その音を聴いてみましょう」という流れでも指導ができます。

しかし、これですと、ピアノが独奏楽器であることを告げてしまっていますので、生徒は独奏楽器が何であるかに注意して聴く必要がなくなってしまい、先生の言ったことが本当かどうかを確かめるような聴き方になってしまいます。

2．おそらく全ての生徒が独奏楽器としてのピアノの音を知覚できるピアノ協奏曲。これが重要です。この段階では協奏曲というものと、その呼び方の基本のようなものを生徒は理解していることになりますので、ここでのピアノ協奏曲の鑑賞はその理解度がどの程度であるのかを測っていることにもなります。よって、まずもって独奏楽器が生徒にとって分かりやすいものであるというのがポイントとなります。

仮に「協奏曲というものを理解している」というような評価規準が挙げられていた場合、自ら聴き取った音を基本にしながら、なおかつ、そこまでの学習による理解に重ね合わせて『ピアノ協奏曲』と生徒が答えれば、結構高度なレベルでの評価の基準をクリアしていることになるのではないでしょうか。

3．ヴァイオリンは管弦楽団のなかにもある楽器ですが、ピアノは通常管弦楽団には存在しない楽器です。つまり、管弦楽団にある楽器も、ない楽器も協奏曲の独奏楽器になることを、ここで生徒は知ることになります。このことは、次のステップでのギター協奏曲につながっていきます。

先生「皆さんの言うとおり、この曲はピアノ協奏曲です。曲名はピアノ協奏曲第１番第１楽章、チャイコフスキー作曲。その最初の部分を聴きました。では、他にどのような協奏曲があるか。皆さん、自由に独奏楽器になるだろうと思う楽器名を挙げてみましょう」

様々な楽器が挙がると思います。もしギターが出てきたら、その発言をそのまま取り上げ、出て来ないようなら「ギターを忘れていませんか」というように先生のほうからギターを示します。

先生「さて、このギターですが片手で持てるような軽い楽器です。ピアノは、両手でも動かないくらい重い楽器です。先ほどのピアノ協奏曲ではピアノが管弦楽の音に負けないような音を聴かせてくれていました。このギターはどうでしょうか。聴こえるのかな？　ギター協奏曲を聴きますのでギターの音が十分に聴こえるかどうか。注意して聴きましょう」

こんなに軽量な楽器が管弦楽と対等に演奏できるのかどうか。ここから、「ギターの音に注意して聴く」という課題がもたらされました。このような流れは重要で、もちろん、この流れを引き出したのは直前のピアノ協奏曲です。よってピアノ協奏曲は、協奏曲というものが理解できたかを測る位置付けでしたが、ギターの音に注意を向けるという役割も持っていたことになります。

『アランフェス協奏曲』第３楽章の冒頭より約１分間経過したあたりまでを聴く

先生「ギターの音は十分に聴こえましたか」

予想できる生徒の反応「聴こえた」

第3ステップ　協奏曲の演奏上の特徴を聴き取る

先生「この曲はアランフェス協奏曲の第３楽章、ロドリーゴという人が作曲しました。では、もう一度聴きます。まずは独奏楽器であるギターの音に注意してみましょう。ギターが聴こえている間、先生にサイン（人指し指）を見せていてください」

『アランフェス協奏曲』第３楽章の冒頭より約１分間経過したあたりまでを聴く

このようなサインはとても重要です。先に述べたように生徒によっては、このような動作を嫌がる場合もありますが「サインをしないということは英語の時間の英単語テスト、国語の時間の漢字テストを提出しないことと同じです。先生は、皆さんのサインを見ることで聴き取って欲しい音を皆さんが聴き取れているかどうかを確認しています。例えば、単語テントや漢字テストを提出しないと皆さんがそれを適切に書けているのかどうか確認することができません。サインをしないということは、そのことと全く同じことになります」というようなことを生徒に伝えるべきでしょう。音楽鑑賞指導では、まず生徒自身による音の知覚・感受です。先生がそれを瞬時に確認するためには生徒のサインは不可欠なのです。

先生「皆さん、サインを出してくれましたが、途中で迷った人がたくさんいました。それはどうしてですか？」

予想できる生徒の発言「ギターが聴こえているときにサインだったから、聴こえている間はサインを出し、聴こえなくなったらサインを出さなかった。けれども迷ったのは、途中からギターが鳴っていながらオーケストラも聴こえてきたので、それでもサインを出し続けて良いのか考えてしまったからです」

想定される生徒の発言で、これは重要なポイントです。ここで生徒は、ギターだけの部分、管弦楽だけの部分、ギターと管弦楽が鳴っている部分のそれぞれをすでに聴き取っていることになります。

ただ、それらにあたる部分があることを先生が生徒に一方的に伝えたわけではありません。あくまでも音楽を聴くことを通して生徒自らが聴き取っていたことになります。

「音楽を聴きながらギターが聴こえている間は人指し指」という指示は、暗に「ギターだけが聴こえている間は人指し指」と指示されているようにも思えてしまいます。この受け止め方を誰かがする限り、ギターだけの演奏に管弦楽が加わったときに周囲を見回してみたり、出しているサインを引っこめようか出したままにしていようかと迷う様子を見せる可能性があります。

これを目敏く見つけ「どうして迷ったのか？」とその生徒に問いますが、そこでの生徒の答えこそ、ギターと管弦楽が一緒に演奏しているところがあるとする、協奏曲としてのひとつの見せ場を聴き取っている証しでもあるのです。

もし迷う生徒がいるかどうか不安であるなら、先生も共にその活動に加わり、先生が率先して迷ったふりをするのも一案ですが、それはあくまでも最後の手段です。

先生「それでは皆さん。この協奏曲にはギターだけが演奏している部分、管弦楽だけが演奏している部分、ギターと管弦楽が一緒に演奏している部分があるようです。次に、もう一度最初から聴きますから、ギターだけのときは人指し指、管弦楽だけの部分はグー、ギターと管弦楽が一緒の部分は人指し指と中指（チョキ）のサインを出して下さい」

『アランフェス協奏曲』第３楽章の冒頭より約３分間経過したあたりまでの部分を聴く

このサインが楽曲と合っているかどうかは問題ではなく、それぞれを聴き取ろうとする姿勢に自然に仕向けることが大切です。3分間経過したところで音量を絞り、そこで一旦停止しておくと次の指導に便利です。

先生「皆さん、一生懸命、サインを出してくれていました。このように多くの協奏曲では独奏楽器だけが演奏する部分、管弦楽だけが演奏する部分、独奏楽器と管弦楽が共に演奏する部分とがあります。さて、皆さん、もう何度もこの曲を聴いているのでメロディを覚えていますね？　歌ってみましょうか」

冒頭のギターの旋律を皆で歌う

先生「では皆さん。次に聴く部分でこのメロディを演奏しているのはギターでしょうか。管弦楽でしょうか。よく聴いて下さい」

『アランフェス協奏曲』第３楽章の冒頭より約３分間経過したあたり（スコアの第 209 小節、練習番号⑭付近）からで、曲が終わる少し前のところを聴く

先ほどの一旦停止を解除して徐々に音量を上げていくと、ちょうど練習番号⑭のあたりにさしかかると思います。

先生「歌ったメロディを演奏していたのはギターだと思った人」

予想できる生徒の反応　→　いない

先生「では管弦楽だと思った人」

予想できる生徒の反応　→　全員がこちらだと思う

ここでのやり取りも、とても重要です。

まず、先ほどと同じように「次に聴く部分はメロディを管弦楽が中心となって演奏しています。それをよく聴いてください」という流れでも指導することができます。

ただ、生徒が音に集中して聴いて自らその答えに行き着くという点で、先に示した流れとは本質的に異なってしまいます。

次に、『アランフェス協奏曲』（ギター協奏曲）という題名の通り、あくまでもギターが主役なのですが、そのギターがどちらかというと伴奏の役割にまわり、脇役だと思いがちだった管弦楽が主体となってメロディを演奏することを生徒は知り、その音を感じ取ります。

これらを通して、この学習の最終ステップとしての「協奏曲ならではの雰囲気やよさを感じ取り、楽曲を聴き味わう」ための材料のすべてを知覚・感受したことになります。

第4ステップ　協奏曲ならではの雰囲気やよさを感じ取り、楽曲を聴き味わう

先生「ギターだけのところ、管弦楽だけのところ、そして、ギターと管弦楽が一緒に演奏しているところでは、どちらがメロディを演奏しているのか等に注意してここまでに聴いてきました。では最後に、この曲を最初から最後まで通して聴きます。この曲の好きなところは、どのようなところなのか。例えば、ギターだけの箇所で好きなところはどこか。それはどうしてか。ギターと管弦楽が一緒に演奏している箇所で好きな点は何か。それはどうしてか。あるいは、好きになれないとしたら、それはどういうところなのか。その理由は何か。聴いた音楽のなかから文章にして見つけてみましょう」

要するに、単純にまず、聴いた音楽について「好きか、嫌いか（全体、部分どちらでもよい）」を問い、その理由を聴いた音楽のなかから見つける、という課題が告げられていることになります。

ですが、この「好きか、嫌いか」は、単に楽曲を聴いた印象から決めるわけではありません。ここで言う「好きか、嫌いか」は自らの価値判断という次元に及んでいなければならないのです。

そのためには、その価値判断（好きか、嫌いか）に至った理由が重要になりますから、聴いたその楽曲から、生徒はどのような音楽的な特徴を聴き取っていたのか、その楽曲の雰囲気やよさをどのように感じ取っていたのかを、「好きか、嫌いか」に関わる理由として示す必要があります。

このようなときに、あえて「嫌いか」のほうをたずねることもないのでは？と思われたかもしれません。ただ、すでに述べてきているように、授業で聴く楽曲を生徒全員が好きになることはそうないことです。「この曲は好きになれない」「この曲は嫌い」と感じる生徒がいても、それはむしろ、自然な反応であり、仕方のないことです。好きな人がいれば嫌いな人もいるのは当然だからです。その意味で「嫌いか」をたずねることは、嫌いであっても構わないと認めていることにもなり、実は、不可欠なことだと言えます。

ただし、「嫌いであるなら聴いて感じ取ったことを述べる必要はない」と片づけることはできません。たとえ嫌いであっても、学習として鑑賞した楽曲の特徴や、その雰囲気を説明することは可能ですし、その楽曲のよさを説明することだって可能かもしれません。ここで大切にしたいのは、どうして嫌いなのかを、やはり、自分の心に残った音や音楽の特徴や雰囲気をたどり、感情的ではなく論理的な文脈に乗せて説明することです。

このように生徒の価値判断（好きか、嫌いか）に焦点をあてることによって、生徒がその楽曲をどのように聴き味わったのかを、まず生徒自身が確かめることができ、他者（教員も含めて）もそれを共有できるのです。

そうなると、ここまでに何をポイントとして楽曲を聴いてきたのかが重要になりますが、それは「ギターの音が聴こえているか」「ギターだけのところ」「管弦楽だけのところ」「ギターと管弦楽が共にあるところ」「メロディを演奏しているのはどちらか」でしたので、価値判断に及んだ理由について、これらが聴き取れていることや、そこから何をどのように感じ取ったのかが交えて書かれていることを期待します。

いっぽうで、同じ音楽を幾度も聴いてきているので、生徒によっては、自分が音楽から感じ取ったことについて、演奏のよさを交えて述べようとすることも考えられますが、これは与えられた課題から大きく逸れているわけではなく、演奏がどうであったかは聴いた音楽の印象に深く関わることでもあります。ですから、生徒のその思いをくんであげても良いと思います。当然、演奏に焦点を当てる鑑賞指導が別にあっても良いわけです。

いずれにせよ、これは言語活動ということになりますが、学習評価という意味での生徒一人ひとりの分析ということを考えると、音楽鑑賞指導では、やはりせいぜい5～6行の文章表現が良いと言えるでしょう。音楽科では一人の先生で何十人、何百人もの生徒を受け持つことも少なくないという現実的な問題と、これまでに述べたように音楽や演奏から自分の感じ取ったこと、もしくは心に響いたこと、感動したことを思いのままに述べるのでなく、聴いた音楽に価値判断を交えた批評的な見地で他者に向けて端的に伝えることが、この音楽鑑賞指導における言語活動と考えるからです。萬司氏がこれらの事項を提案し、勤務中学校における実践例を報告しています（財団法人音楽鑑賞教育振興会「新・冬の勉強会」2008年12月25日　東京代々木のオリンピックセンター）。また、その後、実践例が報告されています（「新しい学習指導要領に基づく鑑賞領域の指導～平成21年度の実践から～」（『音楽鑑賞教育』季刊 vol.1 No.505 財団法人音楽鑑賞教育振興会　2010））。本書のここでの言語活動についての解説は、以下も含めて、それに基づいたものです。

さて次に、生徒の書いたものをどのように扱うのか。とても重要です。まずは、聴いた楽曲の好きな点、嫌いな点について、その楽曲の何を感じ取ったことによって述べているのか、あるいは、何を聴き取ったことによるのかなどを確かめることになります。その際、生徒の書いたもの、例えば、価値判断（好きか嫌いか）、何を感じ取っていたのか、何を聴き取っていたのかの3点を色分けしてみれば、その色合いから生徒の価値判断の有無、すなわち、そもそも課題に答えているのかどうかという点や価値判断に至るまでの文脈がある程度明らかになります。

感じ取ったことについて自由に述べることを制限している印象もあろうかと思いますが、これはこれで良いわけです。幾度もここまでに述べてきていますが、これは、学ぶことに焦点を絞った音楽鑑賞指導であるからです。もちろん、なかには、学習してきた内容に関係なく聴いた音楽に対しての感情をそのまま延々と綴る生徒もいることでしょう。書かれていることは当然、いわゆる減点ではありませが、学習してきた内容があったからこそ言える一言が、この場合は欲しいわけです。

ここで挙げたように「好きか嫌いか」を生徒に問う他に、この授業で聴いた音楽のなかから好きなものを選び、その理由を述べるという方法もあると思います。このように比べる対象を挙げる方が生徒にとっては自らの感じ取り方を述べたり、価値判断がしやすいと言えるでしょう。いずれにしても、このような言語活動を交えた方法で、音楽鑑賞指導での最終段階における見取りを行っている学校もすでに少なくないはずです。

この章の最後に申し添えますが、音楽鑑賞指導では同じ音楽を皆で聴いていることがとても重要な意味をなします。「あぁ、音楽のあの部分のことを言っているのか」などと、他者がどこで、どのようなことを感じ取ったのかを共有することが出来たり、「あの部分に、こんなことを感じ、それをこのように言葉で表現しているんだ！」などと他者の感じ方や書き表し方に驚いたりと、大変に意味があると言えます。宮下俊也氏が ――例えば、小学４年生の少しおませなＡさんが『ツィゴイネルワイゼン』を聴いて、皆の前で「バイオリンが切ない感じがして気に入りました」と批評したとしましょう。それを聞いた「切ない」という語彙を知らないクラスメートは、もう一度『ツィゴイネルワイゼン』のバイオリンの音色を聴くことによって、「ああ、これが『切ない』という意味なんだ」と理解するでしょう。これを「ラベリング」と言います。（後略）――（「鑑賞領域で育成する学力と子どもの姿ー批評と言語活動を通してー」p.36 『音楽鑑賞教育』季刊 vol.1 No.505 財団法人音楽鑑賞教育振興会　2010）と、具体例を述べています。これは『トルコ行進曲』のところでも少し触れた言語活動についての、まさに実例です。なお、宮下氏のいう「ラベリング」ですが、これについて、宮下氏は次のように述べています。――カリフォルニア州立大学のデビット教授が「ライオンは猫の鳴き声より『大きい』でしょ。『大きい』ということを音楽の言葉で『フォルテ』というんだよ」というように、ラベリングによって音楽の概念を教えていくことは非常に有効であると語っておられました。──（同書 p.36）。

本書でも、第２章第７節や第４章第２節と第４節において音の強弱の知覚と感受について説明をしていますが、デビッド教授が語っているように、子どもたちがすでに知っている語を用いたラベリングによって音楽の概念を伝えていくことはとても興味深く、実践的であると感じます。

教室のその空間に鳴り響く音を基に音楽から何かを感じ取り、音楽を味わって聴くことの面白さを全員で共有する。だからこそ、学校における音楽鑑賞指導の意味もますます重みを増すのだと思います。その意味では、言語活動で音楽鑑賞の授業が完結するのではなく、もう一度、その楽曲を皆で聴き味わう時間が必要だと思います。ぜひ、聴く時間を確保して下さい。

第6章　音楽鑑賞指導の基本を活かしてみては？

1．聴き方しだいで、もっと面白く音楽を聴くことができる

前章では学校における音楽鑑賞指導の事例を紹介しました。

音楽鑑賞と音楽鑑賞指導は違う。音楽鑑賞指導では音楽を聴いて何かを学ぶと述べてきました。例えば、音楽を聴いて音楽の特徴を音から感じ取る。音楽を聴いて音楽の構造を理解する。色々ありますが、共通するのは、誰にも感じ取れることや分かることを基本にしている点で、児童生徒はそれまで知らなかったことを知ったり、注意していないと聴き取れなかったような音を聴き取り、音楽のよさや雰囲気を感じ取るためのヒントを得たりと様々なことを学ぶことになります。ですから基本的には、音楽鑑賞指導をおこなったことによって児童生徒に一定の学力が備わることになります。

この学力ですが、児童生徒がこれから後に音楽を聴く際に、音楽の良さや面白さを感じ取ったり、聴くことによる喜びを味わうために必要です。「このように音楽を聴いてみると音楽の意外な面が聴き取れるよ」「もしかしたら、それまでに感じたことのないような雰囲気を音楽から感じ取れるかもしれない」「音楽の形式を知ったことで、これまでより、もっと面白く音楽を聴くことができるかもしれない」要するに、音楽鑑賞指導による学力は後々の発展性を期待していると言えます。

児童生徒は確かに日常的に音楽を聴いていますが、先に述べたように、それはそれぞれの好みのものです。音楽鑑賞指導によってその彼らに注意深く音楽を聴くことの面白さを伝える。これまで知らなかった様々な音楽を聴くことを促す。これらのことは、彼らの耳に別の周波数帯の音楽を主体的に聴くための準備をおこなうことに他なりません。彼らが音楽の聴き方を知り、それまで聴かなかった音楽を身近に感じてくれるなら、それだけでも学校における音楽鑑賞指導はその役割をほぼ果たしたと言えるのではないでしょうか。児童生徒がいつも聴いている“好みの音楽”であっても、学習を通して音楽の聴き方を知

ることにより何か新しい発見ができるかもしれません。

さて、ここで述べてきたことは、そのまま大人にも言えることです。何かに注意して音楽を聴くという行為は何も児童生徒だけのものではありません。

例えば演歌が大好きな方。前奏の後の楽曲の出だしのメロディに注意して聴いていると、聴いた後にそれが何回繰り返されているかということで、その歌が何番まであるのかが比較的簡単に分かります。1番のメロディが2番、3番になっても変わらずに1番のものと同じである歌のことを音楽専門用語で有節歌曲と呼んでいます。演歌以外にも『赤とんぼ』(三木露風作詞/山田耕筰作曲)などの童謡が典型例です。

いっぽうで歌詞ですが、その歌が1番から3番まであるとするなら、それぞれに異なる情景や心情を綴っているものがほとんどです。そこで注目すべきは歌手の歌い方の工夫です。1番毎に異なる情景や心情を表す歌詞であっても、それらを同じメロディで歌わなければならないからです。

まず考えられるのは同じメロディでありながら歌詞の内容に即した歌い方(表現)を工夫することです。具体的には、同じメロディであっても1番から3番のそれぞれについて歌詞の内容を反映して微妙に強弱を変化させたり速度を変化させる。あるいは、プロの歌手ならば歌声、つまり音色を変化させる。これらのことを駆使しながら1番から3番までを巧妙に歌い分けるのです。

実はこれはとても興味深いことで、ある有節歌曲を歌う歌手が10人いたら10通りの表現があるのではないでしょうか。もちろん、それは歌手の解釈(演奏家は楽曲の楽譜を、現代までに明らかにされている学術的な知見に基づいて詳細に分析したり、作曲家が楽曲に込めた意図を様々な視点から読み取るなどしてどのように演奏するのかを決めていて、これをやはり解釈と呼びます。解釈に関わる要素は例えば、演奏の速さ、強さ、音色、リズムの力点の置き方等、多岐に及ぶと思われます)に基づきます。そうなるとそれを聴くほうの我々としては、それぞれの表現の違いはどうか?　という楽しみがもてることになりますし、違いを聴き取ることによって音楽表現における論理性のようなもの、つまり、同じメロディでも速度をゆっくりめに歌うと、聴く人にはその心情が伝わりやすくなるとか、速度を速めて歌うと、聴く人にとっては心を駆り立てるような気分になるというようなことが理解できるかもしれません。

出だしのメロディという要素に注目して演歌を聴くだけでも、色々なことが新たに分かる可能性があります。思えば、ここに挙げた強弱、速度、音色は音楽の要素（音楽を形作っている要素として共通事項に挙げられているもの）でした。演歌でも全く同じなのです。

また、これまでクラシック音楽に全く興味のない方。手始めに、使われている楽器の音色や音の強弱やクレシェンドといった要素に注意しながら、ある楽曲の一部分を何度か聴いてみてはいかがでしょうか。この〈楽曲の一部分を何度か聴く〉というのがとても大事です。これは、ある交響曲の第１楽章の最初の２分間でも１分間でも結構です。肝心なのは聴く回数。とりあえずメロディは？　として聴く。次に楽器は？　として聴く。そして音の強弱は？　さらに速度は？　と聴いてください。もうそれだけで、すでに４回聴いたことになります。

クラシック音楽の鑑賞において、どうして聴く回数が重要であるかですが、一度聴いただけでは、その音楽の美しさや良さ、または雰囲気はもちろん、使われている楽器が何であるのか等が、とても分かり辛いと思えるからです。私のような比較的クラシック音楽を聴き慣れている者でも最初から全体像を聴き取っているわけではありませんし、正直、最初聴いた時は何も印象に残らなかったという曲も少なくありません。ですがそのうち、町を歩いている時に頭のなかにふと流れてくるメロディがあって「あれ？　何だろう？このメロディ。どこかで聴いたことがあるぞ」ということがあります。そして、何とか思いだそうとしてみたら、「あぁ、あの曲か！」と思い出すのです。

これはもちろん、クラシック音楽以外でも起こることですが、それまでクラシック音楽を全く聴いてこなかった方にとってはクラシック音楽を聴いて同様のことが起こるだけでも大きな意味があるのではないでしょうか。気になってその音楽を再度聴いてみて「あぁ、やっぱりこれだ」と思う頃には、すでにその曲の虜となっているかもしれません。

2．より多くの楽曲を聴くことができたら幸せ

楽曲の一部分を聴く経験を重ねたら、その後、楽曲全体を聴くことを試してみるのも良い方法です。

例えば、先に例として挙げた『交響曲第５番』（ベートーヴェン）ですが、強弱表現という要素に注目することにより、例えば、第３楽章から第４楽章へ

と連続して演奏される箇所のクレシェンドの効果というか、面白さ、魔力のようなものに気付くことができます。そして、それに基づいてさらに楽曲全体を聴き込めば、この交響曲全体が強弱表現に満ち溢れていることに容易に気付くことができるでしょう。事実、この交響曲には強弱表現が不可欠です。別の言い方をすると、この曲から強弱表現を取り除いてしまった場合、現在、我々が耳にするものとは、かなり異なった音楽になってしまうはずです。

この強弱表現と言えばマーラー（ボヘミア生まれの作曲家、指揮者1860-1911）という音楽家にも触れないわけにはいきません。彼が作曲した交響曲においてしばしば奏でられる、とてつもなく弱い音。CDで聴いていると、思わず音量を上げてしまうほどの音ですが、音量を上げた直後、スピーカーを揺るがすような強大な音が意表を突くように鳴り響いてくるなんてことがよくあります。

まるで、マーラーにからかわれているかのようですが、考えてみれば、これがマーラーの交響曲をくり返し聴いてしまうきっかけであったかもしれません。この微弱音から強大な音へ、そしてまた、微弱音となって鳴り響く音。これらは間違いなくマーラーの残した音楽の魅力のひとつだと思いますし、音楽には音の強弱があり、強い音と弱い音の差というものにも、聴く者の心をとられる不思議な力があるのだと分かりやすく教えてくれています。「お見事！」と称賛するしかありません。

もちろん、ベートーヴェンもマーラーも大作曲家ですが、彼ら以外にも数多くのクラシックの作曲家達がいます。いずれも作曲のプロ中のプロですから、その作曲家達の作品に触れて音楽の作られ方の面白さを感じ取ったり、その音楽が奏でる不思議な世界や、創出されたこの上なく美しい音を感じ取ったりすることができます。そして、それに接することは誰でもできるのです。作品それぞれに個性があり、さらに様々な興味が湧いてくるかもしれません。

ここまで、新しい周波数帯の音楽に触れるための切っ掛けづくりについて述べました。

世の中には数えきれないほどの楽曲があります。名曲と呼ばれているもの。世界的ベストセラー、ロングセラー、今まさに旬のもの。これらがどんなに魅力的でも、すべてを生涯で聴き尽くすことはできません。それはご承知のように、音楽を聴くにはそれを聴く時間を要するからです。音楽に限っては早送りで聴くわけにはいきません。レコーディング時に決められた速さというか、「これだ」という速度が、音源としてリリースされた時にその音楽の心拍のようにすでに刻まれているからです。

絵画の鑑賞では人によって要する時間が違って当然ですが音楽鑑賞では音楽の全体像に触れようとする限り、その音楽のもっている時間にこちらが合わせるしかありません。もちろん、途中で音楽を止めたり、何かをしながら音楽を聴くこともできるのですが、この場合でも時間は間違いなく流れていきます。

人生も時間そのものです。人による多少の違いはあれ、全体の時間枠は決まっています。人生の時間の流れに、時折、音楽が流れる時間がある。一生ずっと音楽を聴き続けるわけではないから世の中の音楽を聴こうにも自ずと限界がある。よって、名曲とされている曲ですら耳にしないで生涯を終えていくことになります。それは我々のように音楽と深く関わる仕事をする人間であっても全く同じです。私自身、いつどのように人生を終えるか全く分かりませんが、その終わりの時、「あぁ、もう音楽が聴けなくなるんだな」と思うでしょうし、「もっと色々な音楽を聴いておけば良かったのに」と思うのではないでしょうか。

自分の人生に終わりがあり、音楽を聴くには〈時間〉という人生の流れを刻み続けるものに身をゆだねることが必要です。「音楽を聴いていると、まるで引き算のように人生の時間も目減りしている」とはさすがに思いませんが、限りある人生の流れを意識する限り、その人生をなす時間を意味のあるものにし、心に潤いをもたらし、明日も生きようと思えるような音楽を聴いていきたいと思いますし、これからもできるだけ新しい音楽に出会いたいと思っています。もちろん、ジャンルは関係ありません。

ジャズ、ロックなど、それぞれの音楽には特有の曲調があります。例えばロック音楽ですが、クラシックとは異なり電気によって増幅された圧倒的な音量と激しいビートがすぐに思い浮かびます。それはロックが聴きながら体を揺らし、踊る音楽でもあるからです。

そのロック音楽ですが、クラシック音楽と比べて全く異質なわけではありません。演歌のところでも触れたように、クラシック音楽であっても演歌やロック音楽であっても、それを形作っているものは基本的には共通事項として挙げられているものです。つまり、クラシック音楽とロック音楽、そして他のクラシック以外の音楽（このようにひと括りにすること自体にも問題があるかもしれません）とでは作風や演奏形態、表現方法は明らかに異なりますが、音楽としての素性は同じということになります。

ということは、このロック音楽も基本的には音楽科授業の教材になることを意味しておりますし、それはロック音楽以外の、いわゆるポピュラー音楽と呼ばれているものすべてに言えることです。なお、高等学校学習指導要領には音楽文化やその背景を理解するためにポピュラー音楽についても学ぶことが明記されています（高等学校学習指導要領（芸術）解説書 pp.44-45 文部科学省 2009)。

同じ素性をもった音楽。それを形作っている要素。これらはやはり、普段、自分の聴き慣れない音楽を聴く手がかりとなります。もちろん、嫌いなものを我慢して聴く必要はありませんが、少しでも好奇心があるのなら、とりあえず、「この音楽の特徴は何なのか？」「普段、自分が聴いている音楽と何が違って何が似ているのか？」「そのように感じた理由は何なのか？」「それは共通事項に挙げられている音楽を形作っている要素で説明できることなのか」。このような脈絡で、これまで聴いてこなかった音楽を聴いてみて下さい。どうしてその音楽を愛好する人がいるのかについて、感情的ではなく論理的に知ることができるかもしれません。

3．いつかクラシック・ファンとなっているかもしれない

前節まで、聴き慣れてきた音楽について、その聴き方を変えてみることと、あまり聴いてこなかった音楽との最初の関係の取り方について述べてきました。

いわゆる切っ掛けづくりですが、これにより音楽を聴くことがより面白くなったり、これまで楽しめなかった音楽と触れあえるようになれば幸いです。新しい周波数帯の音楽をご自分のペースで楽しんでみてください。

ただ、ラジオのＦＭ放送で何らかのクラシック音楽を聴き、その音楽のことが一気に好きになるということは、あまりないことです。よって、ご自分のペースというのがとても大事なことになります。

肝心なのは、楽曲を聴く際のアプローチの仕方なのであって、目的もなく、単に楽曲の全体像を掴もうとするのは実はクラシックファンであってもそう簡単なことではありません。ですから、ここまでに再三述べたように要素に注目するという目的をもって、まず楽曲の冒頭部分のみを聴いてみる。繰り返し聴く。もし気に入ったらその先も聴いてみる。

そのようにして次から次へとクラシック音楽を聴いているうちに、数曲、十数曲、何十曲と、それまでに聴いてこなかった音楽の魅力にとりつかれているかもしれません。一旦魅かれてしまうと、ごく自然に入り込んでくるのがクラシック音楽ですから、あとはどうぞ、一生をかけても聴き終えることのできない宝の山から新しい音楽を選び、それまでに愛好していた音楽に交えて聴いてみてください。

現在は特にクラシック音楽を聴かない方でも、いつかはクラシックファンと呼ばれているかもしれません。ただし、例えば、同時に演歌もこよなく愛好しているのならばクラシックファンという呼び方そのものが無意味かもしれません。第１章で述べた音楽ファン、もしくは音楽愛好家が適切でしょうか。このような方が増えてくれば、音楽のジャンルを分けるクラシック、ポピュラーというようなボーダーも、セールスにおけるカテゴリーとしての意味は残るものの音楽を聴く意識、愛好する意識からすると、あまり意味をなさなくなるかもしれません。

さて、ここまで「要素、要素」と繰り返してきましたが、ある音楽を聴いて「どうしてこんなに感動するのだろう？」と思い、そのわけを要素に重ね合わせて見付けようとするのだけれど「一体、どの要素が自分に感動をもたらしているのかうまく説明できない」というようなことも音楽を聴いているとよくあります。このような場合には無理に要素を探ろうとしなくとも良いと思います。これはこれで十分です。聴いた音楽のよさを要素に関わらせることや言葉で表すことも大切なことですが、表せないものを表せないままにするのも、とても大切なことだと私は思います。

4．生演奏はお薦め

これまでに好んで聴いていた音楽を別の視点で聴いているかもしれない。そして、これまで全く聴いてこなかった音楽を聴いているかもしれない。これらのことによって音楽と自分との関係が変わっているかもしれない。

すでに述べたように、特にクラシック音楽を日常的に聴く人は、これ以外の音楽を聴く人に比べて圧倒的に少ないのが現状ですので、クラシック音楽を自分の新たなる周波数帯として受け入れる人が増えることはこの国の音楽文化のさらなる発展や成熟をもたらし、全体として歓迎すべき方向に進むのではないでしょうか。「たまにはクラシックの音楽会に行ってみるか」と口にしているだけでなく、聴いているうちについつい虜になってしまったクラシック音楽を聴くためにコンサートガイド等で探すようになる。運良く、自分のお気に入りの楽曲がプログラムに載っているようなコンサートがあれば、次の段階としてはチケットを購入して、いざコンサート会場です。

コンサートというものは、やはり音楽鑑賞の究極のあり方だと思います。家庭で音楽を聴く、街中を歩きながら音楽を聴くこともちろん楽しいことですが、生演奏ならではのものがたくさんあります。生演奏は、その場その瞬間限りのものですから基本的には再現されません。ですから、音楽プレーヤーでよくおこなう「もう一度この曲を聴こう」とするリピート再生はできません。心に残っているものがすべてということになります。

言うなれば、心に残る音楽であったのかどうか。これを際立たせてくれるのが生演奏であって、それがそのまま生演奏の価値なのではないかと思います。「良いコンサートだった」と感じるとき、その音楽をそこですぐに再生することは叶わなくとも、帰りの地下鉄の車内や、駅に降り立って雑踏を抜けた瞬間、あるいは、帰宅して湯舟にザブンとつかった瞬間、数時間前にコンサートホールで聴いた音楽が頭の中で鳴り響いたりすることがあります。残念ながら、その感覚は月日と共に薄れてはいきますが、それでも、そこで見たもの聴いたものが完全に頭から消え去ることはありません。実体験とはそういうものです。写真だけで見た観光地と実際に訪れたその場所とではやはり違う。同じようなことだと思います。

生演奏ならではのものとしてもう一つ。それは、その場その瞬間に起こることが誰にも予想できないということです。音が鳴ってみるまで分からず、演奏が終わるまで、どうなるか分からないのが生演奏です。当然、演奏ミスもあります。世界最高峰とされるオーケストラの考えられないようなミスもないわけではありません。

そのとき「何だ！　幻滅した」でも「プロでもミスをするんだ」でも、人それぞれの感じ取り方ですから全く構わないのですが、演奏ミスは生演奏だからこそ起こるものです。演奏してみるまで分からないという一種のスリルも生演奏の本質ですから、その結果としてのミスはむしろ当然起こりうることであって私個人としては大歓迎です。演奏者の方にはお叱りを受けるかもしれませんが、素晴らしい演奏を聴いていてドキッとするような音ミス等があった時、「奇跡のようなこの素敵な演奏も生身の人間がおこなっているんだ」と改めて気づかせてくれて、あたかも宝石でも拾ったかのような気分になります。

コンサートは通常、約２時間です。大抵の場合、仕事を終えた夕刻から夜ということもあって、やはり何処かで睡魔が襲うようなこともあります。それも結構なことではないでしょうか。生の素晴らしい演奏を聴きながらウトウトとすることができるなんて贅沢です。ただ、いびきで周りに迷惑をかけるのは困りますが……。

生の音は不思議です。特にクラシック音楽の場合には、基本的にはマイク等で音量を増幅しませんので、楽器そのものから出ている音とホール内で反響した音とが混ざり合い、そして溶け合って会場内を満たしていきます。しかもそれは、述べたようにその場でその瞬間に作られ、その瞬間に消えてゆく一瞬の創造物です。

空気の振動を通して伝わる声や楽器の音色､圧倒的な音量や微弱で繊細な音。これらを存分に味わい「また来ようかな」と思えただけでコンサートに来た甲斐があったというものです。もし、リピーターとなった時には、会場の周辺に早めに着いて家族や気の合った友人達と夕食をとり、余裕をもって会場に入りそこでワインで乾杯なんていう楽しみ方もあります。そのワインがコンサート中の睡眠導入剤となる場合もあり、いびきの元にもなりますが、よく言われているように、コンサートにはこのような事前の雰囲気作りも意外と大切だと申し添えておきます。

5．音楽はいつもすぐそこにある

人は音楽を聴いてその音楽から元気をもらったり、曲想に勇気づけられたり、しんみりとして涙したり。ときには、音楽を聴きながら跳び跳ねたり踊ったりもしますし、気の合う者同士、他愛ないことを語り合いながら聴くこともあるでしょう。音楽を聴くことは概して喜びであって、音楽を聴くことによって苦痛を感じることは、ほとんどないと言えます。仮に苦痛を感じたなら、その音楽を聴くのをすぐに止めるでしょうし、二度とそれを聴かないと思います。趣味や嗜好に関わることですからすべて聴き手の自由で、聴かない選択も当然あります。嫌なものを聴くように強制される理由は何もありません。

このように、人それぞれに好みの音楽を好きなように聴くことを本書では否定していません。好きな音楽を思いのままに、心ゆくまで聴くことがやはり幸せなあり方だと思うからです。時間の許す限り、好きな音楽を好きなように聴きたいと私も思います。

ただ、否定はしませんが提案をさせて頂きました。これまで、あまり聴いてこなかった音楽を聴いてみることと、これまでに好んで聴いてきた音楽を異なる視点で聴いてみることの２点です。いずれも、音楽の要素に注目する聴き方であって、学校における音楽鑑賞指導の方法論と、ほぼ同じでした。

学校の音楽の授業では音楽を聴いて何かを学ばなければなりませんから、児童生徒は、個人的な趣味や嗜好に合うか合わないかは二の次にして、ある音楽から何かを学び取るためにその音楽を聴くことになります。

そうなると、指導者はその学習成果としての学力を児童生徒に保障することになりますから、音楽を聴くポイントも原則として全ての児童生徒が聴き取れ、感じ取ることができること、そして、分かることに焦点化されることになります。

全ての児童生徒が聴き取れ、感じ取ることができ、分かることができるのは音楽を形作っている要素であって、これは平成20年に告示された学習指導要領において共通事項として掲げられています。

さてこれらの要素ですが、大人であってもこれに注目して未知の楽曲を聴けば、案外、その楽曲が好きになる近道となるかもしれない。だからこれらの要素に注目して、特にこれまであまり聴いてこなかった音楽を聴いたり、これまでに聴いていた音楽を改めて聴いてみてはどうかと提案しました。

音楽を聴くことは楽しい。これは恐らく、どなたも実感していることだと思います。それに加えて、知らなかった音楽を聴く喜び、これまでに愛聴していた音楽を異なる視点から聴く新鮮さ。これらをより多くの方に味わって頂きたいと願っております。「こんなもん聴くんじゃなかった」と時には思うこともあるかもしれませんが、それでも「他にもっと自分に合う音楽があるかもしれない」と思えるのなら、実際に自分に合う音楽は必ずありますから希望が残されていることになります。色々な音楽を聴くように努めているうちに、一生付き合えるような楽曲に出会えたなら素敵です。仮に出会えなかった場合を考えてみると、それはかなり違います。新しい音楽に出会えた喜び、それを聴き続けるもっと大きな喜び、それをできるだけ味わいたいものです。

音楽は、ほぼ無限に存在しています。その音楽のすべてに裏切られるということはないはずです。その意味においては、我々にとっての音楽は、文句も言えるし絶賛をおくることもできる。それでいて音楽が我々に害を与えることは本質的にはない。そうなると、音楽とは、とても安心できるパートナーのようなもの。こう言えるのではないでしょうか。

天から授かったもののようなものにも思えるし、人類があふれ出すその精神の力と知力によって生み出した奇跡的な創造物とも思える音楽。一言でも語れそうな気もするし、一生かかっても語り尽くせない気もする不思議な存在です。いずれにしても、はっきりと言えるのは、今も音楽は我々の近くにあり、目の前にあり、その気になれば比較的容易にそれに触れることもできるということです。

ある種、当たり前すぎて、これまで見つめることも思いつかなかった音楽と我々との関係。それを「聴く」ということから改めて見つめたり、見つめ直してみることをここまで連綿と綴ってきました。音楽はすぐそこにあります。壁やカーテンで幾重にも仕切られている向こうにあるわけではありません。

その音楽のひとつを選んで聴けば、それは無条件に、ただただ聴く人のために鳴り響き続けます。途中で止める自由も権利もすべてこちらにありますが、それでも止めずにその音楽を聴き終えたときに感じる大きく温かな音楽の存在感。それはあたかも、放蕩息子が絶対的な寛容さをもってその帰宅を歓迎されたときに感じる安心感に似ていませんか？ 「来るのが遅かったね」とか「やっと自分の良さが分かってくれたのか」などと音楽は一切語りません。ですからそれは、その音楽と自分とのしかるべき出会い。遅いだの良さがやっと分かっただのと、言ってみても意味のないことです。

これまで聴かなかった音楽があったとしても、それが人に比べて遅れていたわけでも、その音楽の良さが分からなかったのでもありません。実は、単に聴かなかっただけのこと。すぐそこにある音楽をまずは聴いてみませんか。音楽は私達に平等に遺された宝物。聴いて、また聴いて、一つひとつ違うその宝物の色や形、輝き方を誰もが楽しむことができます。そんな宝物がすぐそこにあるのに近付こうともしないなんて、あまりに惜しい。そう思います。あとは、皆さんの始めの一歩だけです。

あとがき

本書では音楽を聴く際の〈聴き方〉について触れています。学校教育でおこなわれている音楽鑑賞指導の内容や方法について解説し、またその考え方に基づく音楽の聴き方を学校教育とは直接に関係のない一般の方々向けにも提案してきました。

これはいってみれば、学校の先生方と一般の方々の双方を読者に想定した欲張りなコンセプトによるものなのですが、それは、学校教育での音楽鑑賞指導の方法や内容が一般の方々の音楽の聴き方を広げたり深めたりするのに寄与するのではないかと考えたことによります。特に、どちらかというとあまり聴かれることのないクラシック音楽への最初の接し方として、学校教育における音楽鑑賞指導の方法が役立つと考えたのです。

その方法は、これまで好きで聴いていた音楽の聴き方にも変化をもたらすことにもなり、それによって、よりいっそう、その音楽が好きになったり、その音楽と新たなる出会い方をすることも可能なのではないか、さらには、これまでと異なる聴き方で新たな音楽と出会い、音楽を聴く楽しみが増すことにもつながるのではないかとも考えたのです。

もちろん、一般の方々の場合、音楽鑑賞指導ではなく音楽鑑賞が話のメインですから、何にも縛られずに、ご自分の思うままに音楽を聴いて頂ければそれで良いわけですし、それに越したことはないのですが、もし「試してみよう」と思われたなら、自由な気持ちで本書に書かれている音楽の聴き方を試して頂ければ幸いです。

学校の先生の場合には音楽鑑賞指導が焦点になりますので、一般の方々に向けてのように緩い言い方が許されません。児童生徒にとっては学習としての音楽鑑賞になりますから、鑑賞する対象となる楽曲は教材として扱うことになります。そうなると、その音楽から児童生徒は何を学び取るのか、学び取るためにはどのような活動で授業を展開するのか、そして、児童生徒の身に付いたはずの力をどのように評価するのかをきちんと示す必要があります。

ただし、学びとは言え、児童生徒にとって音楽を聴くことが苦痛にならないように留意しなければなりません。本書の様々なところで述べた通り、音楽を聴くという行為は人が自ら望むものであり、時に渇望するものであり、本質的にとても自主的な行為であるはずです。

学校における学びとしての音楽鑑賞指導にもその自主性は不可欠です。そのためには、鑑賞の授業で聴く曲が自分の好みに合うかどうかということだけに児童生徒の意識がとどまるのではなく、聴いているその音楽の特徴を注意深く聴き取り、その特徴から感じ取れたことはどのようなことだったのかという点に彼らの意識を向ける指導に転換する必要があると述べてきました。それによって児童生徒の自主性が確保できるからです。

音楽鑑賞指導で重要なのは、ある音楽を聴く際の〈ねらい〉に即して、誰もが聴き取れること、感じ取れること、分かりうること、という聴くポイントを設けることですが、それによって実は、児童生徒はその音楽を注意して聴かざるをえなくなり、これはすでに自主的な状態に近いものです。

ここで重要なのは、児童生徒の興味付けを図ることであって、そのために「どのような点に注意して音楽を聴くのか」等を端的に述べる先生の発問が大事であり、発問の内容や先生の述べ方が彼らの自主性を引き出すことになります。

これらのことによって「鑑賞の授業で聴くような音楽はどうも好きになれない」と思い込んでいた児童生徒が音楽の魅力に気付けるかもしれません。先生の言葉によって興味付けられ、意識を集中して音楽を聴くことによって、例えば、音楽の仕組みの面白さに初めて気付くことができるかもしれないのです。そしてそれは、聴いたその音楽に感動しなくとも辿り着けることです。

音楽鑑賞指導において肝要なのは、ある音楽を児童生徒に聴かせて全員を感動させることではなく、また、好きにさせるのでもなく、彼らが気持ちを集中し、興味をもって音楽を聴くことによって得られる〈聴いて学ぶことの楽しさ〉を実感させることだと私は考えます。聴き取れたこと、感じ取れたこと、分かったこと、味わえたことが、この後、彼らが長きにわたって音楽を聴き続けていくうえでのヒントとなり、音楽の聴き方の広め方や深め方として彼らに根付いてくれればそれで良いのだと思います。

先生が何もしなくとも、児童生徒は音楽を聴いて感動することもあります。全員が聴いた音楽を好きになることも、もちろんあります。それは誰にも止められないほどの情動のうねりであって、教員は時に教壇からそれを実感することがあります。

そのときのことを思うと、音楽を聴いて感動する子になって欲しいという思いや願いも十分に分かるのですが、先ほども述べたように、感動が叶わなくとも、音楽を聴いて学ぶことよって児童生徒が楽しいと感じることは可能なはずです。聴き取れた、感じ取れた、分かった、ということを繰り返し、「自分はこの音楽をこのように聴き味わえた」というような思いをひとりでも多くの児童生徒が実感し、「今日も音楽を聴くの？」と言って音楽室に入って来る。「もっと聴きたかった」と言いながら音楽室を出ていく。音楽科の先生として、そのような様子が確認できたら、その夜はささやかに祝杯ではないでしょうか。このような児童生徒が増えてくれれば音楽鑑賞指導が実った証しだと言えます。

一般の方々にあっては「この交響曲を聴いてみるか」と言いながら、ある交響曲を自宅で流してみる。ビールを片手に気軽な気持ちで聴いて途中まででやめてもよいし、最後まで聴いてもよいし、二度と聴かなくともよいわけです。数日後にまた、「あの交響曲を、もう一度聴いてみるか」という思いになれば、もう一度聴けばよいし、そのときも、途中まで聴いてやめても構わないと思います。そのような繰り返しのなかで、鳴っている音の強さや弱さが気になりだして「結構、弱い音で演奏されているんだな。実際の音はどんな音なのだろう？」というような思いがもし生じたら、そのときは生演奏でその音楽を聴くことを考えても良いのではないでしょうか。

オーケストラのなかの一部の楽器が奏でる弱い音も素敵ですが、多くの楽器で演奏しているにもかかわらず弱い音が保たれているときの音のもつ魅力についてはマーラーのところでも述べました。生演奏ではその魅力が味わえます。大勢のオーケストラ奏者がとても強い音の連続から一気に弱い音に絞った瞬間の凄み。弱い音にもかかわらず、人の心に訴えかけるような音の力。言葉になりません。あれはまさに、音に命が宿っているのではないかと思うほどで、鳥肌が立ちます。

いざ音楽会。生で聴く音楽に感激して、もし体に電流が走ったら、やはり、その夜は祝杯ではないでしょうか。「またいつか聴きたい。どうやら、この音楽にはまったな」と、まるで恋にでも落ちたかのような気分になれば、それはとても素敵なことです。このように、繰り返し聴きたくなるような音楽に出会えるなんて、それは間違いなく人間にとっての幸せのひとつだと思うからです。

ですが、あくまでも無理なく素直な流れのなかで、もう一度聴きたい音楽に出会いたいものです。児童生徒が「鑑賞の授業で聴く曲を好きにならないといけないのか、聴いて感動しなければならないのか」と思い込んでいたとしたら、それはとても残念なことで、音楽を聴く際は、まず「聴いたら好きにならなければならない」というような強迫観念から自らを解放しなくてはなりません。

大丈夫です。心配は要りません。本論でも述べたように音楽は数限りなくあり、気に入らなくとも次が必ずあります。これまでに聴いたことのない音楽を自分のペースで聴きながら、お気に入りの音楽がひとつ、またひとつと増えたとしたら、それはまるで、幸せが一つまたひとつと、積み重なっていくかのようです。しかも、その幸せは持続するものですから自分がその命を終える時まで続く幸せが、いくつもいくつも重なっていくことになります。

音楽によって心が満たされている幸せに感謝し、心豊かに生きることが叶うよう、この私もこの先新しい音楽に出会い、これまでに聴いてきた音楽と改めて出会っていきたいと思います。

末筆ではありますが、本書の執筆に際して、大きな示唆を与えてくださった音楽評論家の渡邊學而先生、原稿の再構成を快く許可して下さった公益財団法人　音楽鑑賞振興財団の皆様、多くの助言を下さった同財団の中里順子様、私を支えて下さった（株）スタイルノートの池田茂樹様、薄井真生様、スタッフの皆様に心より御礼を申し上げます。

著者：山﨑 正彦（やまざき まさひこ）

略歴

1957年長野県生まれ。中学校、高等学校、小学校の教員を経てから武蔵野音楽大学大学院音楽研究科に入学し音楽教育学を専攻。修了後、武蔵野音楽大学音楽教育学科講師として後進の指導にあたり現在に至る。主な研究領域は教員養成と音楽鑑賞指導。これまでに小学1年生から大学生までのすべての学年での教育経験があり、現在、幼児教育現場における指導アドバイザーもおこなっている。音楽鑑賞指導に関しては、2006年より全国各地で指導方法などについての講演をおこなってきている。著書に『金賞よりも大切なこと』（スタイルノート）、共著に『音楽鑑賞の指導法“再発見”』（音楽鑑賞振興財団）がある。

見《み》つけよう・音楽《おんがく》の聴《き》き方《かた》聴《き》かせ方《かた》
――新学習指導要領《しんがくしゅうしどうようりょう》を活《い》かした音楽鑑賞法《おんがくかんしょうほう》

発行日●2012年 4 月5日　第1刷発行
●2012年 11 月4日　第2刷発行

著　者●山﨑正彦《やまざきまさひこ》
発行人●池田茂樹
発行所●株式会社スタイルノート
〒185-0012
東京都国分寺市本町 2-11-5 矢野ビル 505
電話 042-329-9288
E-Mail books@stylenote.co.jp
URL http://www.stylenote.co.jp/

印刷・製本●株式会社厚徳社
装　画●鎌田光代
装　幀●Malpu Design（大胡田友紀）

ISBN978-4-7998-0104-8　C1037